U0813038

八字桥历史文化街区

古城俯瞰

仓桥直街

石门槛历史文化街区

西小河历史文化街区

越王城轴线—府直街

越子城历史文化街区

绍兴古城塔山片区

空间历史文化资源研究

戚益朵　孙嘉江　傅舒兰　——著

中西書局

图书在版编目（CIP）数据

绍兴古城塔山片区空间历史文化资源研究 / 戚益朵，孙嘉江，傅舒兰著. -- 上海 ：中西书局，2025.

ISBN 978-7-5475-2453-4

Ⅰ. K295.53

中国国家版本馆CIP数据核字第2025X0F496号

绍兴古城塔山片区空间历史文化资源研究

戚益朵　孙嘉江　傅舒兰　著

责任编辑　吴志宏
装帧设计　黄　骏
责任印制　朱人杰

出版发行　上海世纪出版集团
中西書局（www.zxpress.com.cn）
地　　址　上海市闵行区号景路159弄B座（邮政编码：201101）
印　　刷　上海商务联西印刷有限公司
开　　本　700毫米×1000毫米　1/16
印　　张　13.5
插　　页　7
字　　数　188 000
版　　次　2025年6月第1版　2025年6月第1次印刷
书　　号　ISBN 978-7-5475-2453-4/K·506
定　　价　68.00元

前　言

在过去我国城市化进程快速推进的几十年内，不同规划体系之间以及城市建设与历史文化遗产保护之间的交叉矛盾，导致了城市更新工作开展过程中历史文化资源的认定与保护存在不充分、不完善等问题，城市历史文脉传承遭遇瓶颈。2018 年以来，中共中央、国务院以及自然资源部、国家文物局发布一系列文件，要求发挥国土空间规划的引领作用，加强历史文化资源管理保护。随着国土空间规划编制顶层设计的不断推进深入，对于历史文化资源保护的相关要求日益明确和细化。2023 年 4 月，浙江省住房和城乡建设厅发布《历史文化资源调查评估论证指南（试行）》，在进一步健全全省历史文化资源普查体系的同时，详细阐明并规范引导城市更新过程中历史文化资源调查及评估论证工作的开展。

在上述背景下，本书以绍兴古城塔山片区为研究对象，对其地上地下范围内历史文化资源进行调查梳理，总共分为六章：第一章对我国历史文化资源调查评估体系现状与工作开展情况进行介绍；第二至五章分别梳理了绍兴古城塔山片区历史建成环境资源、地面历史建（构）筑物资源和地下历史建（构）筑物资源，以及塔山片区空间场所承载的历史文化；第六章在总结提炼塔山片区历史文化资源特色的基础上，提出相关的国土空间规划对策建议。

本书出版由浙江省住房与城乡建设厅课题“基于历史文化资源保护的城市更新改造建设项目评估论证研究”“基于大运河国家文化公园（浙江）的城乡历史文化资源普查研究”资助，是编制《绍兴历史文化名城保护规划（2021—2035）》《绍兴古城保护发展规划》《塔山人防改造项目历史文化资源调查评估报告》《塔山片区（塔山村）旧城改造地块历史文化资源调查评估报告》《历史建筑保护利用管理制度研究（ZJZX–20230610）课题报告》中的相关成果。

参与编写的其他成员包括顾羽锋、吴雨暄、陶一超、李春颖、骆明敏、盛婧婧、封琰、江篪、陈乙文、柳知海、张九龄、潘丁琳、姚意楠等。由于目前相关工作仍在开展，难免存在疏漏与不足，拟在后续工作中进一步完善。

目　　录

绪　论

一、国土空间规划体系下的历史文化资源保护

1. 国土空间规划的时代背景与要求

过去我国空间规划类型众多，各个规划在管控范围和控制内容上存在交叉重叠，互相协调不够常常会导致两个规划体系之间的矛盾和冲突，缺乏顶层设计、传导效应较差，规划落实效率大打折扣。2012 年，时任国务院总理李克强首次提出在市县层面探索“三规合一”。2014 年，中共中央、国务院印发《国家新型城镇化规划（2014—2020 年）》，强调加强城市规划与经济社会发展、主体功能区建设、国土资源利用、生态环境保护、基础设施建设等规划的相互衔接。同年 5 月，国务院批转国家发改委发布的《关于 2014 年深化经济体制改革重点任务的意见》，将“多规合一”作为 2014 年深化改革重点任务之一。

2018 年 3 月，中共中央印发《深化党和国家机构改革方案》，提出组建自然资源部，统一行使所有国土空间用途管制和生态保护修复职责，强化国土空间规划对各专项规划的指导约束作用，推进“多规合一”并负责建立空间规划体系及监督实施。2019 年 5 月，中共中央、国务院印发了《关于建立国土空间规划体系并监督实施的若干意见》，明确将主体功能区规划、土地利用规划和城乡规划等空间规划相融合，统称为“国土空间规划”，将多项规划合为“一张图”，使规划编制更加科学，实施监管更加严格。

2. 国土空间规划工作的开展

国土空间规划体系明确了上下级规划事权，并通过规划分区分类逐

级传导用途管制制度。相较于原先的城乡规划和土地利用规划以及多种分散的专项规划，国土空间规划是强化权威的规划体系，有效打破了各项规划各自为政、相互矛盾而导致规划效率低下的局面。同时，国土空间规划强调“生态优先、绿色发展”和“以人为本”，在严格遵守约束指标和空间管控的同时，面对动态变化的社会经济活动和不断出现的现实问题具有一定的适应性调整能力。

（1）各级国土空间规划顶层设计

2019 年 5 月，自然资源部印发《关于全面开展国土空间规划工作的通知》，我国国土空间规划工作正式拉开帷幕。2020 年，我国国土空间规划体系进入深入建设阶段。自然资源部在广泛听取各方面意见的基础上，按照“多规合一”的要求，研究制定并印发了《省级国土空间规划编制指南》和《市级国土空间总体规划编制指南》，并逐步明确了历史文化保护要求与技术工作。同年 5 月，自然资源部办公厅印发《关于加强国土空间规划监督管理的通知》，要求各级自然资源主管部门要依法依规编制规划、监督实施规划，完善了国土空间规划过程中的监督管理，对规划编制审批提出具体要求。

（2）国土空间规划技术标准体系建立

2021 年 3 月，自然资源部办公厅印发《市级国土空间总体规划制图规范（试行）》和《市级国土空间总体规划数据库规范（试行）》，深化落实《市级国土空间总体规划编制指南》，规范市级国土空间总体规划制图表达。7 月，自然资源部办公厅印发《国土空间用途管制数据规范（试行）》，旨在规范开展国土空间用途管制信息化建设，构建“全域、全要素、全流程、全生命周期”的用途管制数据标准体系。2021 年底，自然资源部门户网站公开发布《国土空间规划技术标准体系建设三年行动计划（2021—2023 年）》，首次针对国土空间规划领域制定出台技术标准体系建设三年行动计划。2022 年 4 月，自然资源部印发《关于在全国开展“三区三线”划定工作的函》，决定在全国全面开展“三区三线”划定工作，确保 8 月全国完成“三区三线”划定和上图入库。按照三年行动计划，至2023年全国自然资源系统制定、修订标准30余项，基本建立“多规合一”的国土空间规划技术标准体系。

3. 国土空间规划关于历史文化资源保护存在的问题

习近平总书记强调：“保护好、传承好历史文化遗产是对历史负责、对人民负责。”2018年以来，中共中央、国务院以及自然资源部、国家文物局发布一系列文件，要求发挥国土空间规划的引领作用，加强历史文化遗产管理保护。2019年，中共中央、国务院印发《关于建立国土空间规划体系并监督实施的若干意见》强调，延续历史文脉，加强风貌管控，突出地域特色。2021年，中共中央办公厅、国务院办公厅印发《关于在城乡建设中加强历史文化保护传承的意见》，要求建立历史文化保护传承体系，强调空间全覆盖、要素全囊括。

自2019年国土空间规划正式进入建设阶段以来，随着国土空间规划编制顶层设计的不断深入推进，对于历史文化资源保护的相关要求也日益明确和细化。但由于过去一段时间城市化的加速推进，我国历史文化资源保护仍面临保护对象不完善、保护与发展步调不一致、规划落实和监管难等问题。

（1）历史文化资源保护对象不完善

党的十八大以来，从中央到地方，从政府到公众，社会各界对历史文化资源保护日益重视。但现有的保护体系中，仍存在对某些类型或时期的文化资源识别、认定和保护不足的情况，以及对拥有历史记忆的老建筑保护意识薄弱、未列入法定保护对象范围等问题，历史文化资源保护对象尚不完善。

（2）保护与发展步调不一致

过去在我国城市化的快速推进过程中，常遇到无序的城市建设与历史文化资源保护相矛盾的问题，导致遗产损毁严重、文化传承遭遇瓶颈。国土空间规划背景下，历史文化资源保护工作须明确区域整体保护和活化利用的空间管控要求，调节保护与发展之间存在的矛盾。

（3）规划落实和监管难

长期以来，历史文化资源保护数据的不完善导致保护对象难以明确、保护范围难以界定，进而保护规划难以落实。此外，面对大量分散在我国广袤大地的各类历史文化资源，保护监管难度颇大。为解决历史文化资源保护体系的规划落实和监管问题，需在国土空间背景下利用数字化、信息化技术，并加强相关法律法规的执行力度，确保文化遗产保护规划严格落实及有效监管。

二、城市更新工作背景下的历史文化资源保护

1. 各省市现行城市更新法规概况

在城市更新的立法上，深圳、上海和广州三个城市在 2020 年以前均已经颁布城市更新相关法规，走在全国各省市的前列。深圳于 2009 年颁布《深圳市城市更新办法》，且于 2012 年推出《深圳市城市更新办法实施细则》；上海市与广州市则均于 2015 年分别颁布《上海市城市更新实施办法》和《广州市城市更新办法》。

2021 年，《中华人民共和国国民经济和社会发展第十四个五年规划和 2035 年远景目标纲要》提出“加快转变城市发展方式，统筹城市规划建设管理，实施城市更新行动，推动城市空间结构优化和品质提升”的发展目标。“实施城市更新行动”首次被写入我国五年规划，其在当下城市建设工作中的重要性可见一斑。此后，各地城市都陆续针对城市更新推出了城市更新办法（条例），其中包括《深圳经济特区城市更新条例》（202103）、《福州市“城市更新 +”实施办法》（202104）、《重庆市城市更新管理办法》（202106）、《上海城市更新条例》（202108）、《西

安城市更新办法》(2021011)、建设部《关于实施城市更新行动的指导意见》(202203)、《北京市城市更新条例》(202206)。

2. 国内现有城市更新的工作流程

根据现行的城市更新法规条例，以及各省市城市更新工作开展的实际情况，国内现有城市更新的工作流程可以分为两类：

(1)以城市更新专项规划为指导

以北京、深圳、广州、福州、重庆、西安等城市为代表。规定城市更新工作在城市体检的基础上开展。各级城市自然与规划部门在国土空间规划或法定图则的指导下制定整个城市的更新专项规划与各区的城市更新专项规划。随后根据划定的城市更新片区，制定不同的策划方案，并将片区内拟开展的更新项目在时序、空间上进行安排，制定年度更新计划并建立项目库。最后以更新项目所在的更新单元为对象，制定城市更新项目实施方案并实施建设。

其中部分省市还规定由城市的住建部门组织编制“城市更新导则”，结合城市更新专项规划，为下一步城市更新片区策划方案的制定和更新项目实施方案的制定提供指导。

(2)以城市更新行动计划为统领

以上海市、江苏省等为代表。规定在城市体检评估的基础上厘清城市亟待开展的更新项目，明确目标、更新范围、项目清单和时序安排，制定城市更新行动计划。随后根据城市更新行动计划，直接针对需要开展更新的项目制定实施方案，将需要开展更新的项目纳入城市更新项目库进行统筹安排，逐步实施建设。

3. 浙江省城市更新工作中关于历史文化资源保护存在的问题

浙江省尚未颁布城市更新相关的法规条例，关于城市更新工作流程的设定仍在探索中，目前浙江省开展的拆改建工作中，在历史文化资源保护方面，主要存在以下两类问题。

（1）缺乏对历史建成环境要素的保护

在名城名镇名村保护体系下的城市片区更新工作中，更注重以文物保护单位、历史建筑等为主的物质要素的保护，而忽视了对反映地方特征的地形地貌、河湖水系的自然要素的保护。对于非名城名镇名村保护体系下的城区、街区的更新，则既缺乏对地区历史文化资源的评估，也缺乏对整体老城格局的传承和对传统风貌的延续。

（2）缺乏对非法定保护对象的老建筑的保护

目前浙江省城市更新工作在开展过程中一般只针对文物保护单位、文物保护点和历史建筑等法定保护对象制定保护方案。而大部分更新片区内，还存在不少建成 50 年以上，能够反映地区特征或时代特征的老厂房、老产业园、老小区、传统商业建筑等老建筑没有得到应有的保护，对于需要保护的历史文化资源的认定以及保护并不完善，导致城市更新项目实施方案未能有效反映、落实中央文件对历史文化资源的保护要求。

第一章

历史文化资源调查评估

一、历史文化资源评估体系

城市体检作为对城市建设现状的评估，是目前国内开展城市更新工作的第一个工作环节，其中包含历史文化资源的相关内容。城市体检的范围分为市域、市辖区、市辖区建成区三个维度。根据《2021 年城市体检指标体系》的规定，城市体检评估有 8 项目标：生态宜居、健康舒适、安全韧性、交通便捷、风貌特色、简洁有序、多元包容、创新活力，目标中包括 65 项具体指标。涉及城市历史资源评估的指标，包含在“城市风貌特色”的目标里，具体为城市历史风貌破坏负面事件数量、城市历史文化街区保护修缮率和城市历史建筑空置率 3 项。

表 1–1　城市体检中与历史文化资源评估相关的指标

指标名称	指 标 内 容	指标类型
城市历史风貌破坏负面事件数量（个）	当年市域内存在拆除历史建筑、传统民居，砍老树，破坏地形地貌、传统风貌和街道格局等负面事件的个数	底线指标
城市历史文化街区保护修缮率（%）	市辖区内近 5 年开展保护修缮项目的历史文化街区数量占历史文化街区总量的百分比	导向指标
城市历史建筑空置率（%）	市辖区内历史建筑空置数量占城市人民政府公布的历史建筑总数的百分比，不宜超过 10%	导向指标

但从整体上看，城市体检中涉及的关于历史文化资源评估的指标数量较少，主要是对于城市中法定保护对象保护工作是否到位的评估，不是对城区历史文化资源的调查，没有对城市中非法定保护对象的历史资源进行全面评估。且城市体检通常范围较大，与城市更新项目片区在尺

度上有较大的差异。现有指标不能反映城市历史文化资源的具体情况，对城市更新项目中保护非法定对象的历史文化资源缺乏有效的参考和约束控制。

相对而言，依据《历史文化名城名镇名村保护条例》，由各级政府公布历史文化名城、名镇、名村与历史建筑，构建的名城名镇名村保护体系，以及依据《文物保护法》，由各级文物部门公布文物保护单位、文物保护点和已登录的不可移动文物构建的文物保护体系，在这两个体系中较为系统地对相应的历史资源进行评估。

1. 名城名镇名村保护体系

改革开放以来，随着经济的快速发展和城市化进程的加快，我国逐渐重视对历史文化遗产的保护。1982 年 2 月 8 日，国务院下发《批转国家基本建设委员会等部门关于保护我国历史文化名城的请示的通知》，公布了首批 24 个历史文化名城，标志着我国历史文化名城制度的初步确立。随后 20 余年间，我国陆续公布 3 批国家级名城，不断加深对保护历史文化名城、名镇、名村重要性的认识。2008 年，国务院颁布了《历史文化名城名镇名村保护条例》，标志着我国历史文化名城、名镇、名村保护工作进入法制化、规范化的新阶段。党的十八大以来，我国历史文化名城、名镇、名村保护工作不断深化，保护理念逐渐成熟，先后于 2012 年颁布《历史文化名城名镇名村保护规划编制要求（试行）》，于 2014 年颁布《历史文化名城名镇名村街区保护规划编制审批管理办法》并公布首批 30 个中国历史文化街区，并于 2021 年颁布《关于在城乡建设中加强历史文化保护传承的意见》。我国名城名镇名村保护体系的不断完善有助于推动城乡建设的高质量发展，实现历史文化保护与城乡建设的有机融合，彰显城市历史特色和乡村文化文明。

我国名城名镇名村保护体系申报保护层级明晰，申报历史文化名城需由省级人民政府提出申请，经国家建设主管部门会同文物部门审查，报国务院批准公布；申报历史文化名镇、名村需由所在地县级人民政府提出申请，经省级保护主管部门会同文物部门审查，报省级人民政府批准公布；各级历史文化街区、历史建筑则由对应的城乡规划主管部门会同文物主管部门审查论证，报本级人民政府确定公布。

针对历史城镇、历史城区和历史街区中的历史文化资源，在《历史文化名城名镇名村保护规划编制要求》的相应评估体系框架中包括8项内容：历史沿革；文物保护单位、历史建筑、其他文物古迹和传统风貌建筑；传统格局和历史风貌；人口、用地性质和建筑物、构筑物的基础信息；历史环境要素；传统文化及非物质文化遗产；基础设施、公共安全设施和公共服务设施；保护工作现状。

针对历史建筑的评估和评定，目前还没有统一的认定标准，一般由市级建设行政主管部门负责。如杭州市在《杭州市历史文化街区和历史建筑保护条例》中明确了五条历史建筑的认定标准：具有艺术特色和科学研究价值的建筑方式；反映杭州历史文化和民俗传统；在产业发展史上具有代表性；与重大历史事件、革命运动或者著名人物有关；其他具有特殊历史文化意义的建筑物、构筑物。

2. 文物保护体系

依据《中华人民共和国文物保护法》（2024年），不可移动文物分为文物保护单位和未核定公布为文物保护单位的不可移动文物（未定级不可移动文物）。其中，国务院文物行政部门主管全国文物保护工作，地方各级人民政府负责本行政区域内的文物保护工作。县级以上地方人民政府文物行政部门对本行政区域内的文物保护实施监督管理。县级以上人民政府有关部门在各自的职责范围内，负责有关的文物保护工作。

我国现行文物保护体系中的文物是指人类创造的或者与人类活动有关的，具有历史、艺术、科学价值的物质遗存，包含五类：（一）古文化遗址、古墓葬、古建筑、石窟寺和古石刻、古壁画；（二）与重大历史事件、革命运动或者著名人物有关的以及具有重要纪念意义、教育意义或者史料价值的近代现代重要史迹、实物、代表性建筑；（三）历史上各时代珍贵的艺术品、工艺美术品；（四）历史上各时代重要的文献资料、手稿和图书资料等；（五）反映历史上各时代、各民族社会制度、社会生产、社会生活的代表性实物。

此外，《中华人民共和国文物保护法》（2024 年）对各级文物保护单位和未定级不可移动文物的档案建立和保护规划编制工作作出规定。

（1）档案建立

各级文物保护单位分别由省、自治区、直辖市人民政府和设区的市级、县级人民政府划定公布必要的保护范围，作出标志说明，建立记录档案。其中，全国重点文物保护单位的保护范围和记录档案，由省、自治区、直辖市人民政府文物行政部门报国务院文物行政部门备案。未定级不可移动文物，由县级人民政府文物行政部门作出标志说明，建立记录档案。

（2）保护规划编制

各级文物保护单位和未定级不可移动文物的保护规划由县级以上地方人民政府文物行政部门根据文物保护需要，组织编制本行政区域内不可移动文物的保护规划，经本级人民政府批准后公布实施，并报上一级人民政府文物行政部门备案。其中，全国重点文物保护单位保护规划需根据国家文物局发布的《全国重点文物保护单位保护规划编制要求》编制，由省、自治区、直辖市人民政府根据《全国重点文物保护单位保护规划编制审批办法》批准后公布实施，并报国务院文物行政部门备案。

3. 两个体系的比较与分析

文物保护体系较为清晰，具体有国家级立法、明确的保护对象范围，并在保护规划中规定划有紫线（保护范围界线）。因此，不可移动文物在城市更新工作中遭到破坏的风险相对较小。而作为名城名镇名村保护对象的城镇、城区、街区的范围较广，所涵盖的历史文化资源除了不可移动文物、历史建筑单体外，还有具有系统性但范畴较模糊的老城格局、特色风貌等保护对象，以及部分具有保护价值但尚未被认定的实体。老城格局、特色风貌以及非法定保护对象的拆除建设不受法规条例约束，在城市更新工作开展过程中有较大的遭到破坏的风险。

二、浙江省历史文化资源调查评估

1. 政策文件中的相关要求和工作重点

党的十八大以来，习近平总书记以高度的历史自觉和文化自信作出一系列重要指示和全面部署，为我国文化和遗产保护工作指明方向。近年来，中央各部门针对城市更新与历史文化资源保护陆续颁布各项文件，提出了相关要求和工作重点。

（1）城市更新与历史文化资源保护

2020 年 10 月，中国共产党第十九届中央委员会第五次全体会议审议通过了国民经济与社会发展第十四个五年规划，在“十四五”规划的第二十九章《全面提升城市品质》中提到“加快转变城市发展方式，统筹城市规划建设管理，实施城市更新行动，推动城市空间结构优化和品质提升”。其中第一节“转变城市发展方式”里要求城市发展中“加快推进城市更新，改造提升老旧小区、老旧厂区、老旧街区和城中村等存量片区功能”。2021 年 3 月，《中华人民共和国国民经济和社会发展第十四个五年规划和 2035 年远景目标纲要》提出“加快转变城市发展方式，统筹城市规划建设管理，实施城市更新行动，推动城市空间结构优化和品质提升”的发展目标。我国首次将“实施城市更新行动”写入五年规划，明确了城镇发展的目标。

目前城市更新工作在开展过程中，通常缺少对非法定保护对象的老建筑和历史环境要素的保护，也缺乏对历史资源的评估和对新建、拆除的论证以及对城市文脉的保护和延续。对此，住房与城乡建设部于2021年8月发布《关于在实施城市更新行动中防止大拆大建问题的通知》，提出"以内涵集约、绿色低碳发展为路径，转变城市开发建设方式，坚持'留改拆'并举、以保留利用提升为主，严管大拆大建，加强修缮改造，注重提升功能，增强城市活力"的要求。

（2）文化自信与历史文化资源保护

在历史文化资源保护方面，基于文化自信的基本国策，中共中央办公厅、国务院办公厅于2021年9月联合发布《关于在城乡建设中加强历史文化保护传承的意见》，提到在城乡建设中系统保护、利用、传承好历史文化遗产，对坚定文化自信具有重要意义。文件中提出"城乡历史文化保护传承体系是以具有保护意义、承载不同历史时期文化价值的城市、村镇等复合型、活态遗产为主体和依托，保护对象主要包括历史文化名城、名镇、名村（传统村落）、街区和不可移动文物、历史建筑、历史地段，与工业遗产、农业文化遗产、灌溉工程遗产、非物质文化遗产、地名文化遗产等保护传承共同构成的有机整体"以及"准确把握保护传承体系基本内涵、明确保护重点、严格拆除管理、推进活化利用、融入城乡建设、弘扬历史文化"等要求。

总结而言，中央各部门针对"实施城市更新"的重要性，明确下一步的城镇化建设以县城为重要载体开展。针对城乡历史文化传承体系的建立要求，明确保护重点：文物与周边环境、历史建筑、历史地段、历史文化街区与环境要素、历史文化名城名镇名村的传统格局与风貌、非物质文化遗产以及其依存的文化生态。

2. 历史文化资源调查评估工作的开展环节

浙江省目前正在开展城市更新的第一阶段工作——城市体检，尚未颁布城市更新相关的法规条例，关于城市更新工作流程的设定仍在探索中。针对城市更新中历史文化资源保护的要求和重点以及现有评估体系，考虑到开展城市更新工作的可操作性，不复杂化流程、只在既定流程环节中增加评估的内容，提出在制定城市更新片区策划方案的环节中要求由第三方介入开展“城市更新片区历史文化资源评估”，明确拟更新片区中需要保护的历史文化资源。

对照中央关于建立城乡历史文化传承体系的要求，城市更新片区历史文化资源评估的主要评估对象除了文物保护单位、历史建筑等法定保护对象以外，还应包括反映城市格局和特色风貌的街巷肌理、自然环境等要素，以及其他具有保护价值的老建筑等。开展“城市更新片区历史文化资源评估”，主要是为了评估城市更新片区具有保护价值的历史文化资源，以便在城市更新工作中进行保护。

3. 历史文化资源调查评估的内容框架

为了在实施城市更新中开展全面的历史文化资源调查评估，以更好地保护和利用历史文化资源，在城市更新中做好历史文脉的传承，2023年4月，浙江省住房和城乡建设厅印发《历史文化资源调查评估论证指南（试行）》（以下简称《指南》），明确了全省城市更新片区和城市更新改造项目应如何开展历史文化资源调查及评估论证工作，弥补了历史文化名城、历史文化街区以外区域的历史文化资源调查的缺失。在健全全省历史文化资源普查体系的同时，详细阐明并规范引导城市更新过程中的历史文化资源调查、评估的对象、成果形式、组织方式及论证要求。

此外，《指南》从浙江地域特色文化出发，将见证“八八战略”实践历程、具有时代典型特征风貌以及凝聚当地群众公共记忆与情感价值的建（构）筑物纳入历史文化资源调查评估对象，进一步丰富历史文化资源的内涵，讲好浙江故事。其实施对在浙江省城市更新工作中作好底线管控、探索建立存量资源统筹协调机制、坚决防止大拆大建等方面具有重大实践意义。

（1）调查对象

《指南》按照“空间全覆盖，要素全囊括”要求框定历史文化资源调查的对象，明确提出历史文化资源的对象包括历史建成环境资源、历史建（构）筑物、重要文化活动三类，并对每一类对象的具体名单作了详细的梳理，框定了明确的论证范畴。

表 1–2 历史文化资源调查评估对象

资源类型	调查对象	
历史建成环境资源	地理景观要素、街巷肌理格局，以及重要节点与构筑物等在历史发展过程中影响片区形成、塑造片区特色的资源	所在地的地形地貌特征、山体水系脉络、古树名木分布
		街巷水系肌理、历史形成过程、外界面风貌与景观特征
		重要节点的开放空间（广场、公园等）与景观小品（古塔、古井、牌坊、戏台、水埠头、围墙、石阶等）
		区域特色的建筑类型、材料、营造技艺等
历史建（构）筑物	不仅包括片区内各类已指定为法定保护对象的建筑遗产，也指调查中发现的反映片区发展历史特征、具有保护价值的其他建筑和构筑物	各级文物保护单位（文保点）、历史建筑，以及纳入工业遗产、农业遗产、灌溉工程遗产等其他遗产保护范畴的建（构）筑物
		建成 50 年以上的老厂房、老产业园、老小区、传统公共建筑（祠堂、土地庙、书院、会馆等）、传统商业建筑以及其他反映时代特征的建（构）筑物
		建成不足 50 年但体现党史、中华人民共和国史、改革开放史、社会主义发展史内涵，反映浙江省“八八战略”实践历程以及时代典型特征风貌，凝聚当地群众公共记忆与情感的建（构）筑物等
重要文化活动	突出反映片区历史发展特征的文化活动	方言、民间文学
		传统祭祀仪典、赛会节庆、技艺表演等民俗活动
		传统体育和游艺
		近现代重要事件，反映党史、中华人民共和国史、改革开放史、社会主义发展史和“八八战略”的相关活动等

（2）评估指标

在明确对象的基础上，为促进历史文化资源的合理利用与传承发展，《指南》以“价值导向、应保尽保”为指导，明确了历史文化资源价值评估的指标体系，用于综合评价历史文化资源在历史、科技、社会、文化、艺术、利用上的综合价值，开展评估论证。

表 1–3　历史文化资源调查评估指标

评价项目	评　价　指　标	
历史价值	1	建成年代久远，见证该地区的重大事件发生，体现中国城市精神
	2	与当地重要政治、经济、文化、军事等历史事件或者当地著名人物相关，体现地方文化或社会精神
	3	反映浙江城市历史文脉，是城市空间历史性文化景观的记忆载体
科技价值	4	蕴含的技术或工艺有创新性、重要性或独特性，在一方面或多方面领先同时代其他工程，是技术进步或设计精湛的代表作
	5	蕴含传统知识或传统建造工艺
	6	对建筑设计、城市规划、景观设计或工业、农业等的发展进程有重大影响
社会价值	7	对社会经济文化的变迁有重要影响，为社会一方面或多方面进步作出过贡献
	8	形成或见证形成了有影响力的社会精神文化、管理制度，蕴含劳动人民智慧，具有较高文化传承价值
	9	反映特定时代的生活特征与社会风貌（如地方记忆、体现“人民的建筑”设计理念等）
文化价值	10	因其体现民族文化、地区文化、宗教文化的多样性特征所具有的价值
	11	自然、景观、环境等要素因被赋予了文化内涵所具有的价值，具有革命纪念意义或者教育意义
	12	相关的非物质文化遗产所具有的价值

续 表

评价项目	评 价 指 标	
艺术价值	13	建（构）筑物单体或构成的景观从美学角度看具有突出的价值，有较强的独特性和代表性
	14	代表一种独特的艺术成就，或对建筑艺术、纪念物艺术、景观设计等方面的发展产生过大的影响
利用价值	15	产权明晰，管理主体明确
	16	现状利用率高，至今延续历史使用功能
	17	建筑格局基本完整，主体结构保存良好，现状质量较好，无安全隐患
	18	景观风貌与周边协调

三、绍兴市历史文化资源调查评估

1. 绍兴市历史文化总体特征

（1）中华文明在中国南方地区的重要发源地

1）璀璨的史前文明

绍兴市域内存在着小黄山遗址、马鞍遗址、寺前山遗址以及楼家桥遗址等多处新石器时代的古遗址。特别是嵊州境内的小黄山遗址，面积约 5 万平方米，是长江中下游地区距今 9 000 年前后规模最大的聚落遗址。遗址出土的夹砂红衣陶器群、用于加工食物的石磨盘、磨石和储藏坑是小黄山遗存最主要、最鲜明的文化特征，文化内涵不同于跨湖桥、河姆渡、马家浜文化。结合其碳–14 测定年代，是浙江乃至东南沿海地区时代最早的新石器时代考古学文化，填补了这一地区新石器时代中期

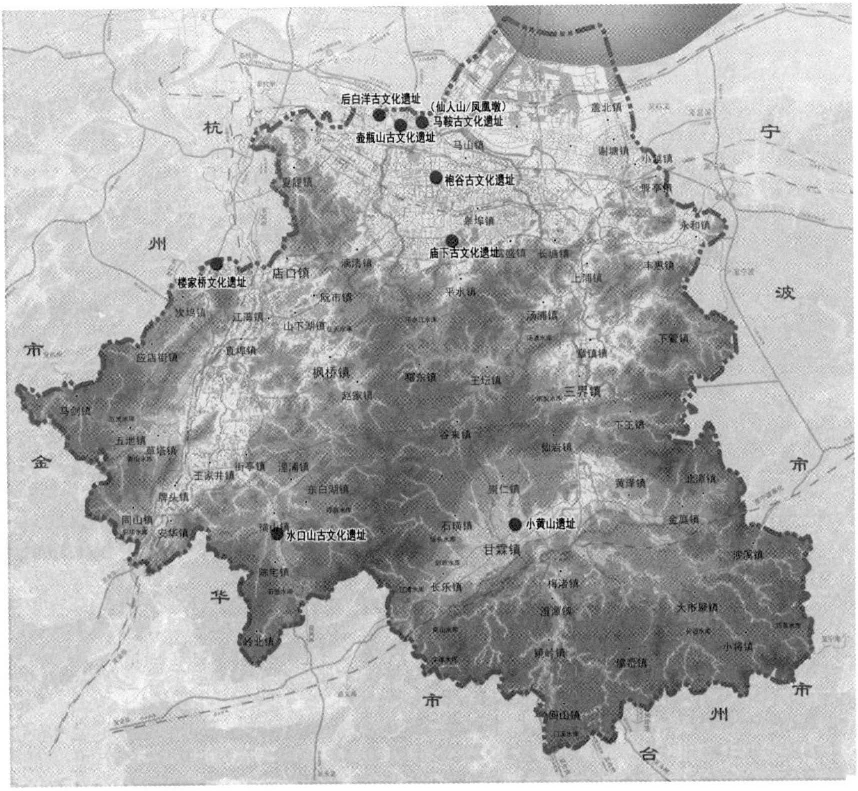

图 1-1 绍兴史前文明分布图

（图片来源：绍兴市国土空间规划研究院、上海同济城市规划设计研究院、上海杨浦同济科技园有限公司《绍兴历史文化名城保护规划（2021—2035 年）》，2024 年）

偏早阶段考古学文化的空白，把浙江乃至长江中下游新石器时代考古的年代，又推进了一大步。

小黄山文化重要的历史地位，标志着长江下游地区“是中国早期文化发展的另一个中心，有他自己独立发展的过程”（夏鼐《中国文明的起源》，文物出版社，1985 年），证实了长江流域与黄河流域一样，同样是中华民族远古文化的摇篮。

2）舜禹之邦

古人曰：“越，舜禹之邦也。古有三圣，越兼其二焉。”（《越问 · 序》）

舜禹与绍兴有着十分紧密的关系。相传舜会百官、禹会诸侯都发生在绍兴。

大禹禅于会稽。《史记·封禅书》记载:“禹封泰山,禅会稽。”这是会稽山得以成名且被列为中华九山之首的重要历史事件。“禹疏了溪”,了溪即剡溪,禹“三过家门而不入”的治水传说也流传至今。禹娶涂山氏于会稽、葬于会稽,《史记·夏本纪》记载:“十年,帝禹东巡狩,至于会稽而崩。”又载:“禹会诸侯江南,计功而崩,因葬焉,命曰会稽。会稽者,会计也。”大禹还在会稽山会诸侯、祭诸神、明君位、示一体,创建中国第一个王朝。

到如今,绍兴境内还存在舜王庙、舜井、大禹陵等多处舜禹留下的遗迹及后人纪念他们的场所。除此之外,绍兴还有不少地名与他们有

图 1-2　绍兴禹迹图

(图片来源:中共绍兴市委宣传部和绍兴市鉴湖研究会联合编制发布,2018 年)

关，比如夏履桥遗迹及湖塘镇的刑塘，相传为大禹失履及斩杀防风氏处，大禹姒姓后裔也主要在绍兴。每年 4 月，在绍兴会稽山举行祭祀大禹活动。公祭大禹陵作为国家级祭典，已被国务院列入国家级非物质文化遗产保护名录。

3）古越文明中心

绍兴地处东南沿海，是我国古代于越民族的生息之地和古越文明的中心。专家们普遍认为，东起东海，西至浙西皖东，北到江淮，南达闽粤的辽阔区域，都曾受到古越文明的辐射和影响。不同于讲求礼乐文饰的中原华夏文明，越人质朴、悍勇和开拓进取的心理特征，特别是奋发图强、知耻后勇成为中华民族精神的组成部分。古代越文明的影响巨大、辐射辽阔，越地的民情、礼俗、衣食住行等生活方式及民间信仰仍流传于后世。

古越文明全盛于越王勾践时代。公元前 490 年，越国大夫范蠡受命兴建越国都城。范蠡先选择在府山兴建勾践小城。随后又在小城以东兴建了山阴大城。后人赞绍兴城“得山水之利而无旱涝之忧，能攻易守而基业可据”，堪称古代城建史上的经典之作。其后勾践“十年生聚、十年教训”，一雪前耻，越灭吴，拓地至江淮，疆域包括山东东南部，江苏、安徽的南部，江西东部，浙江和福建等，成为春

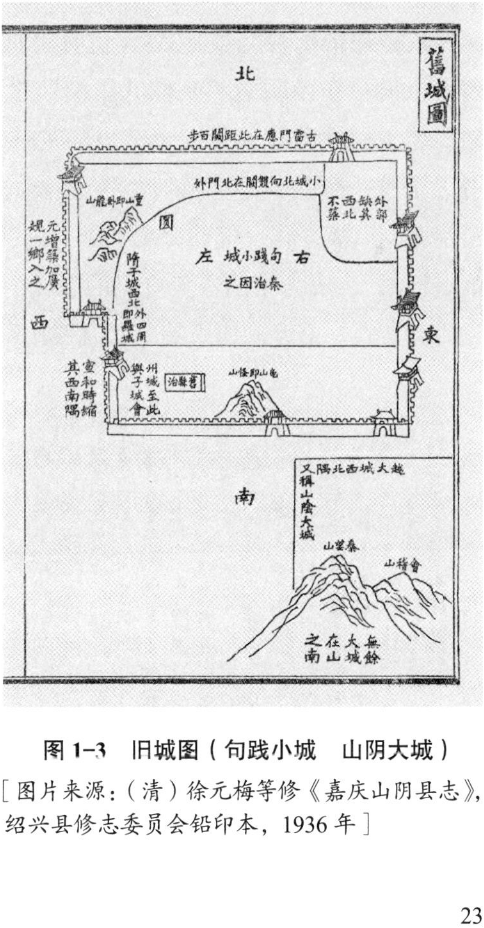

图 1-3　旧城图（句践小城　山阴大城）

［图片来源：（清）徐元梅等修《嘉庆山阴县志》，绍兴县修志委员会铅印本，1936 年］

秋五霸之一。越国的奋发图强成为中华民族精神的组成部分。继舜禹之邦后，会稽再度名扬华夏。

（2）在多个历史阶段引领中国文化思想发展的人文高地

1）魏晋风流

魏晋南北朝时期，由于北方战乱和政治中心南移，大批黄河流域的居民纷纷避乱江南，会稽郡成为当时主要的移民聚居地，王谢家族纷纷定居会稽，十八高士云集沃州，是整个东晋最大的文人高士聚居地，人文鼎盛，冠于江左。以至于《世说新语》里随处可见会稽一地发生的故事，留下了大量典故如东床快婿、曲水流觞、东山再起、乘兴而来等。会稽成为六朝文化中心、山水文化的发祥地。六朝会稽名士在文学、艺术、宗教等方面成就卓越，其最典型代表莫过于王羲之的《兰亭集序》。

东晋穆帝永和九年（353）三月三日，王羲之与谢安、孙绰等名士四十一人，在山阴之兰亭修“拔禊”之礼。当日，天朗气清、惠风和畅，名士们饮酒赋诗，五十一岁的王羲之用蚕茧纸、鼠须笔，兴乐而书，完成一篇诗序。《兰亭集序》手稿共二十八行，三百二十四字，遒媚飘逸、纵横变化、气韵完美，雄秀之气出于天然，被后世称为“天下第一行书”，成为中国古典审美的高峰。永和兰亭雅集的举办，还得到了后世文人、书家的积极响应与有效传承。从南北朝开始，历唐宋元明

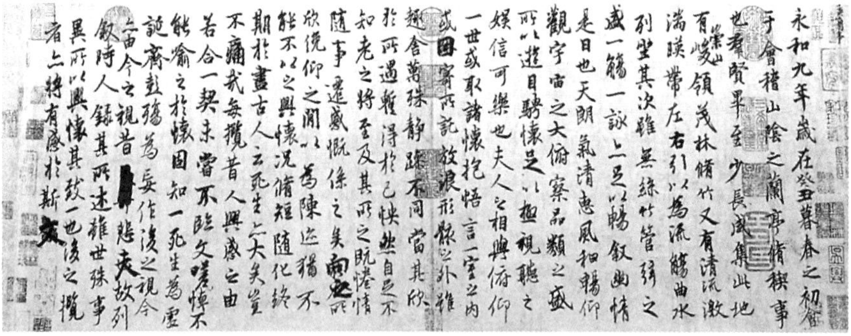

图 1-4 《兰亭集序》（冯承素摹本）

（图片来源：自摄）

清直至近现代，兰亭雅集传承有绪、绵延不绝，形成一道独特的中国传统文化景观。

2）唐诗之路

自魏晋以来，会稽大兴，是南方最富庶的地区之一，又为运河之终点，在隋唐，成为东南大都会和全国重要的经济商业中心。

唐代绍兴繁雄奢华、商贾云集，名流纷涌而至，作为综合性大都会，园林数量、唐诗数量、名流数量、商业均为唐代翘楚，也是宗教中心之一。

研究发现，《全唐诗》中有约400位唐代诗人曾经来过绍兴，其中不乏骆宾王、贺知章、李白、杜甫、元稹等大家名士。唐朝宰相元稹，一再夸赞越州风景的美丽、州宅的宏伟、城市的繁华，写下“会稽天下本无俦”的诗句来赞美越州。诗仙李白四入越州，吟出了“我欲因之梦吴越，一夜飞渡镜湖月”的绝句。诗圣杜甫二十岁时就来到越州，游冶忘归四年之久，并自视为少年壮举，这些倾慕会稽风华的唐代诗人，从钱塘江经西兴运河到鉴湖，再至曹娥江，然后南折入剡溪，经新昌天姥山抵达天台山石梁飞瀑，其吟咏路线被后世称为唐诗之路，是融合儒学、佛道、诗歌、书法、茶道、戏曲、陶艺、民俗、方言、神话等丰富内涵的文化宝藏，是浙江省诗路文化带的重要组成部分。

3）阳明心学

明清绍兴是中国文化思想的中心之一，在曲艺、绘画、诗词、文学、思想界等领域都有重要的代表人物出现，如徐渭、王冕、陈洪绶、刘宗周等。他们的文化成就，构成了明清时期绍兴文化的主线，其中对后世影响最大的，莫过于王守仁创建发展的“阳明心学”。

王守仁祖籍山阴，出生于绍兴府余姚县，因曾筑室于会稽山阳明洞而自号阳明子，学者称之为阳明先生，亦称王阳明，与孔子、孟子、朱熹并称为“孔、孟、朱、王”，是世界历史上100位哲学家之一，也是中国近五百年来思想变革的先驱。

王阳明是中国哲学史上主观唯心主义的集大成者，同时也是教育

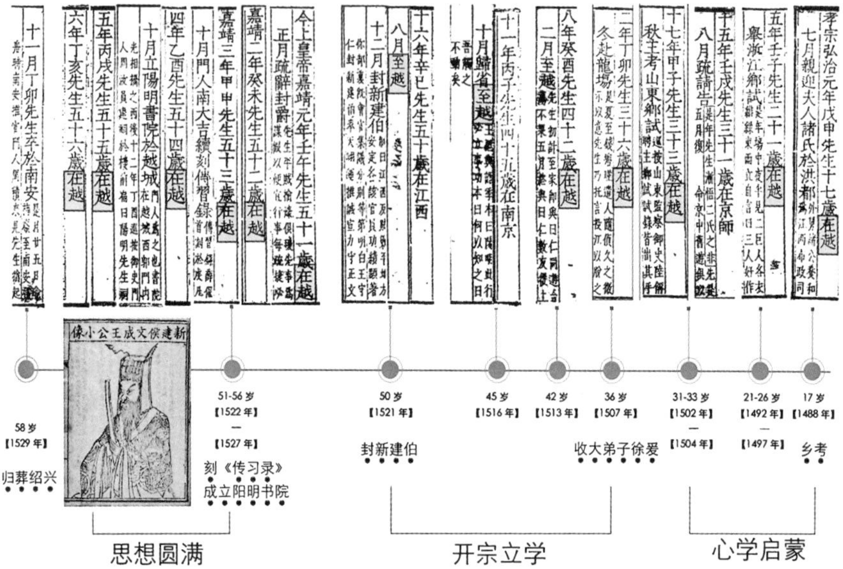

图 1-5　王阳明与绍兴

（图片来源：浙江省古建筑设计研究院、浙江大学建筑设计研究院《阳明故里整体开发建设项目——阳明故居及纪念馆设计方案》，2019 年）

家、军事家、文学家和书法家，著有《阳明全书》，其哲学思想几经演变，最终构建了完整的“心学”体系，将中国哲学史上主观唯心主义推向顶峰。阳明心学作为儒学的一门学派，同时也是我国明朝中晚期的主流学说之一，其“知行合一”及“致良知”理论作为阳明心学的哲学核心，对明清启蒙思想的形成和发展产生了很大影响，并传至日本、朝鲜等国。

4）近代思潮

近代中国，风雨如磐、山河破碎，蔡元培、鲁迅等作为新文化运动的旗帜人物，在民族沉沦彷徨中迸发出有力的呐喊。

蔡元培——学术泰斗、人世楷模：蔡元培，浙江绍兴人，著名的民主进步人士，教育家、革命家、政治家，曾任北京大学校长，革新北大，开学术与自由之风。正是因为蔡先生的兼容并包、思想自由，使得

图 1–6　蔡元培及蔡元培故居

（图片来源：绍兴名人馆自摄）

新文化有了立足之地，使得北大成为新文化运动的堡垒，科学民主的思想得以传播。因此从这个意义上讲，蔡元培不仅是现代北大的缔造者，也是中国现代大学理念和精神的缔造者。蔡元培为人宽厚、恻隐为怀，一生遵循“不苟取，不妄言”的家训，不以法律所不及而自恣，不以势力所能达而妄行，被毛泽东誉为“学术泰斗，人世楷模”。

鲁迅——中华民族新文化的方向：鲁迅，原名周树人，浙江绍兴人，著名文学家、思想家、革命家、教育家、民主战士，新文化运动的重要参与者，中国现代文学的奠基人之一。鲁迅一生在文学创作、文学

图 1–7　鲁迅及鲁迅故里历史文化街区

（图片来源：绍兴名人馆与鲁迅故里历史文化街区自摄）

批评、思想研究、文学史研究、翻译、美术理论引进、基础科学介绍和古籍校勘与研究等多个领域具有重大贡献。他对于五四运动以后的中国社会思想文化发展具有重大影响，蜚声世界文坛，尤其在韩国、日本的思想文化领域有极其重要的地位和影响，被誉为“二十世纪东亚文化地图上占最大领土的作家”。毛泽东主席曾这样评价：“鲁迅的方向，就是中华民族新文化的方向。”

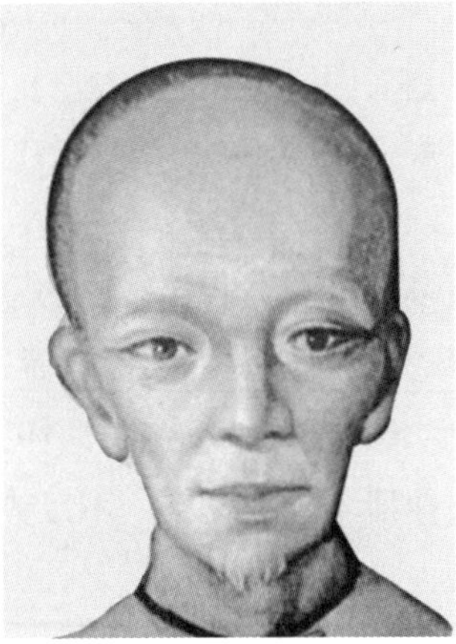

图 1-8　徐树兰

（图片来源：绍兴名人馆自摄）

徐树兰——“存古”与“开今”：徐树兰，浙江绍兴人，热心文化公益事业。1897 年创办绍郡中西学堂，聘请中西教习，并请蔡元培管理学务，设文学、译学、算学、化学等科，开新式教育风气之先。又捐银 33 960 余两，于光绪二十八年（1902），在绍兴城古贡院内，创建了古越藏书楼，并将藏书供公众阅览。古越藏书楼藏书的学科范围非常广泛，业务组织机构分工细密，规章制度完善，因此国内外图书馆界一致公认，古越藏书楼是近代中国第一座公共图书馆。

“古越藏书楼”的创办，正处于中国古代藏书楼消亡和近代图书馆兴起之际，为藏书楼向图书馆的过渡承担了划时代的、承上启下的历史作用。它“存古”与“开今”的主张，适应新学书籍的收藏和宣传，开拓了近代分类体系的新途径，因此在中国图书馆事业史上有其特殊的地位。

（3）中原文明得以赓续相继的重要支撑点

1）永嘉之乱、衣冠南渡——“今之会稽、昔之关中”

西晋末年，政治腐败，内有“八王之乱”，外有匈奴窥视，最终酿成永嘉之乱。此后，晋王司马睿建立东晋，大批中原汉族臣民从北方南渡，这是中原文明第一次大规模南迁，史称第一次“衣冠南渡”，客观上提升、滋养了南方文化。

当时的会稽具有特殊的军事政治地位，在王马共天下的时代，栖居会稽的门阀士族人物，其动静出处，在政治上极具影响。晋元帝赞誉绍兴“今之会稽，昔之关中”，是晋王朝“皇基所托”的“泱泱大邦”。当时的会稽为东晋第一大郡，天下名士在会稽竞逐风流，人文之盛无出其右。

2）靖康之难、衣冠南渡——“绍奕世之宏休、兴百年之丕绪”

靖康元年（1126），金兵攻破汴京，驱掳徽、钦二帝和宗室等北返，北宋亡，史称“靖康之难”。宋高宗赵构在江南重新建立赵宋政权，并组织大量中原人口向南方迁移，史称第三次“衣冠南渡”。当时的绍兴，因“其地襟海带江，方制千里”，成为南宋政权的重要支撑。赵构于建炎三年（1129）十月来到越州建行在，以州治为行宫，越州成为南宋的

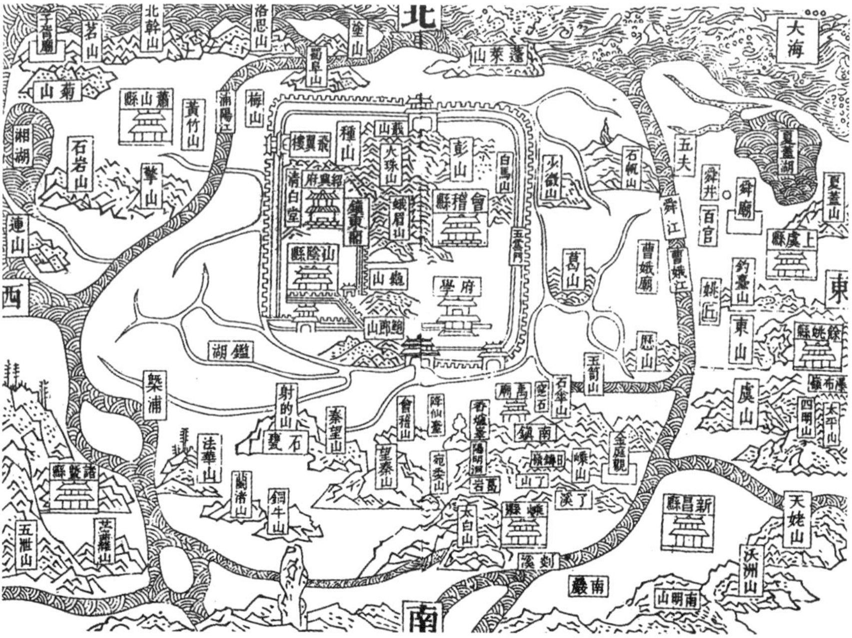

图 1–9　南宋绍兴府图

［图片来源：（宋）王十朋撰《会稽三赋》，1158 年）

政治、经济中心。绍兴元年（1131），赵构以“绍奕世之宏休、兴百年之丕绪”之意，升越州为绍兴府，成为“绍兴”这一地名的由来，寄托了中兴国统的期待。在朝廷当时宣布的40个“大邑”中，绍兴名列其首，陆游称其为“今天下巨镇，惟金陵与会稽耳！”由于之后蒙金在中原不断拉锯作战，中原地区残破不堪。江南地区作为南宋的统治中心区域逐步取代中原成为新的经济文化中心，绍兴也迎来其历史上城市建设的高峰，古城格局由此奠定。

（4）近代以来救亡图存运动风起云涌的革命城市

1）蠡城之光——辛亥革命见证地

绍兴是辛亥革命的重要发源地之一，涌现了一大批享誉海内外的革命英杰和无数可歌可泣的事迹，推动了波澜壮阔的辛亥革命，使绍兴在整个辛亥革命史上具有崇高的地位。

光复会初创于上海，与华中地区的华兴会及华南、南洋地区的兴中会，并列为同盟会成立以前三大革命团体。其核心人物蔡元培、陶成章、徐锡麟、秋瑾等均为绍兴人。1905年大通学堂创办后，光复会的决策中心也由上海转移至绍兴，革命志士在此联络会党，积蓄革命力量，展开革命；前仆后继，发动反清起义；策动新军，瓦解清朝军队；在光复沪、杭、宁的战斗中，奋勇当先，无役不与，立下首功。

图1-10　辛亥三杰：徐锡麟、陶成章、秋瑾

（图片来源：绍兴名人馆自摄）

2）抗战前枢——统一战线书写中国抗战史上光辉篇章

1937年12月杭州沦陷后，当时的国民政府退守至钱塘江南岸一线，一直到1941年沦陷，绍兴一直是战时前线。

1939年春，时任中共中央南方局书记的周恩来，以国民政府军事委员会政治部副部长的身份，赴绍兴探亲祭祖扫墓，并和中共浙江省委及地方组织取得联系，指导工作。

在绍期间，周恩来积极宣传党的抗日民族统一战线政策，并向各界人士发表长达4小时的激情演讲。他详细分析了抗日战争面临的形势，严词驳斥了顽固分子的狂妄挑衅，指出了抗日战争的光明前途。他还着重阐明了中共团结抗战、全民抗战的主张，宣传了毛泽东《论持久战》的思想，对“亡国论”“速胜论”等种种谬论作了深刻的剖析，并以绍兴先贤越王勾践“卧薪尝胆、发愤图强”为例，鼓励大家发扬民族气节，进一步团结抗战到底，其坚定的信念和诚恳的态度深深激发了绍兴人民的抗日斗志。

3）红色基因——革命遗迹众多的红色文化教育基地

无论是土地革命战争时期，还是抗日战争、解放战争时期，绍兴这片土地都深深镌刻着“红色基因”。1921年9月，萧绍农民运动兴起，这是中国共产党领导的全国第一次有组织、有纲领的农民运动；绍兴是浙江省第一个召开县级党员代表大会的地方；抗日战争时期，绍兴是浙东抗日根据地的重要组成部分；绍兴全国著名党史人物众多，俞秀松、张秋人、汪寿华、王一飞、梁柏台、宣侠父、叶天底、何赤华等一大批绍兴党员影响力大，全国闻名。

目前，全市共拥有红色遗址180多处，已开发成红色旅游景区的有10处，爱国主义教育基地82处，党史教育基地30处，是江南地区重要的红色教育基地和红色旅游目的地。

（5）见证农业时期浙东地区社会经济发展的经典段落

1）内地与海上丝绸之路转承的重要环节

大运河绍兴段西接杭州萧山，东连宁波余姚，是浙东运河的中段。其发展与海上丝绸之路的发生与发展有着密切联系，直接见证了海上丝绸之路的兴衰浮沉。

早在几千年前，越地的先人们已经在这条商路中扮演着重要的角色，而鉴湖和西兴运河的开通使得浙东海上丝绸之路进入较快发展时期。五代时期，陆路及内河航运受阻，当时的航道仍大致由钱塘江走浙东运河到明州，再北上，经山东半岛登州、莱州，然后进入中原。据记载，钱佐时“航海所入，岁贡百万”，足见海上航运贸易之盛。至南宋时，绍兴已成为浙东航运的中心枢纽城市，与国内各地商贸交易频繁，又由于明州（宁波）港口的发展，从岭南、福建等地以及日本来的海船，在明州驻泊后，改乘内河船，经浙东运河至杭州，与大运河对接，直达扬州等商业城市。元代，浙东运河地位不及南宋，但仍是海港城市庆元（宁波）联系腹地的主要航线，地位仍十分重要。

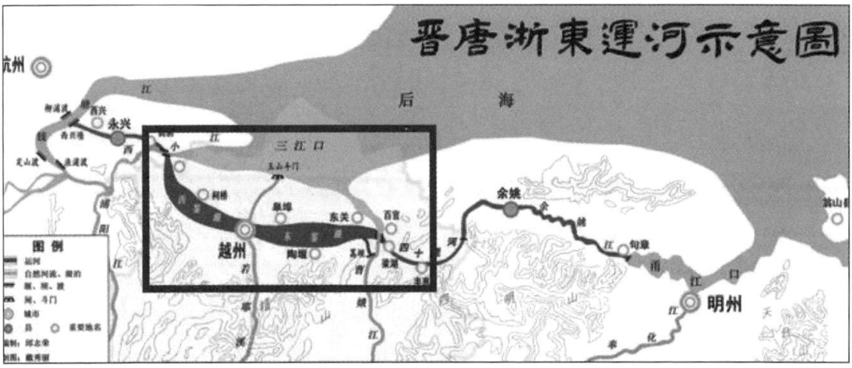

图 1-11　晋唐浙东运河示意图

（图片来源：邱志荣、陈鹏儿《浙东运河史》，中国文史出版社，2014 年）

2）杰出治水理念及运河水利技术的集中展示区

大运河绍兴段以山阴故水道为雏形，不断发展演进形成与南北向诸河相通、贯通山会平原东西地区的一项重大水利工程，并通过古陆道上的涵闸设施，达到调节南北水位并阻隔潮汐的功能。作为我国有记载的先秦时期最早的代表性水利工程之一，其所代表的绍兴城市水利思想与技艺，意义和影响远远超出了地域范围。

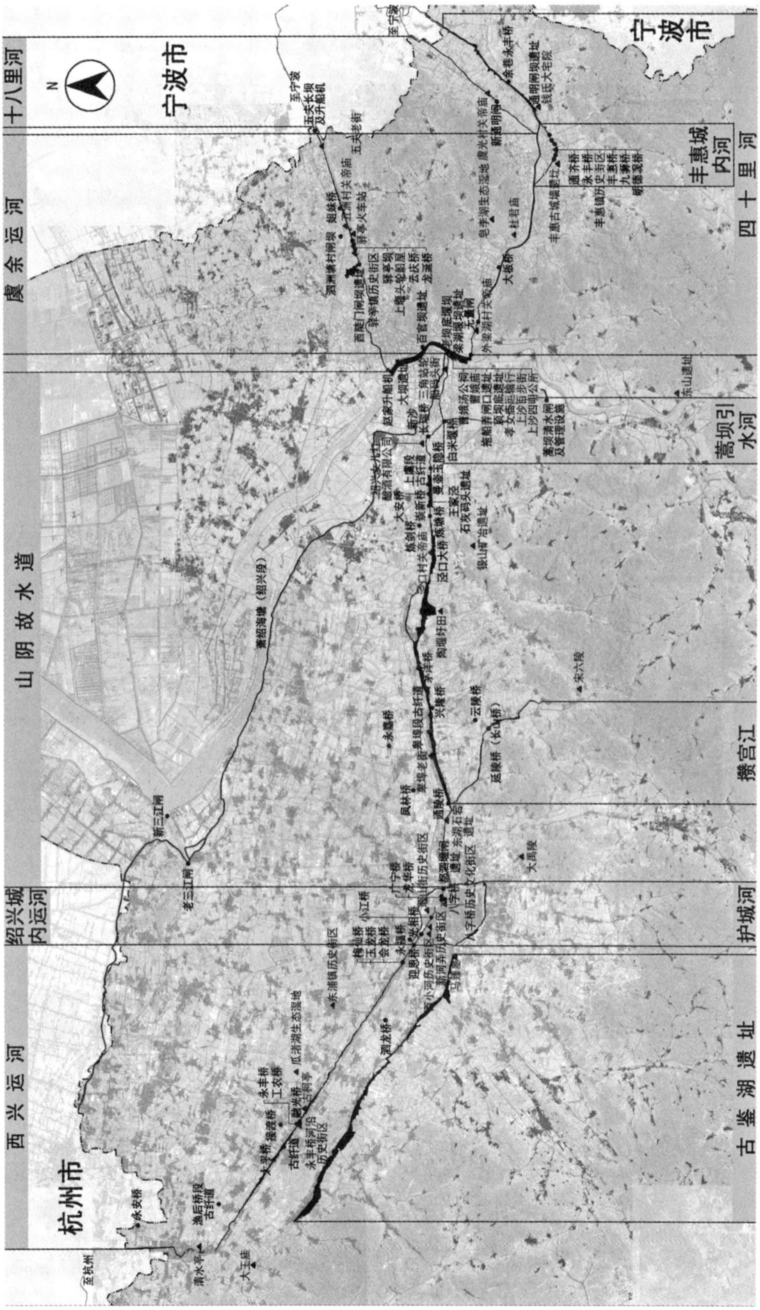

图 1-12　大运河（绍兴段）遗产要素分布图

（图片来源：浙江大学建筑设计研究院《大运河（绍兴段）遗产保护管理规划》，2021 年）

开创先河的运河工程技术。沿线多处代表性的堰、闸、升船机等水利水运工程设施开创了古代运河工程技术的诸多先河——最早使用“拖船坝”“单门闸”解决不同水位的运河之间的航运问题，最早使用“溢洪堰”“泄水闸”维持水位，筑有最早的系统堤防富中大塘、第一条石筑海塘石塘等。这些水利设施不仅保障运河的水路交通稳定运行，其技术在我国水利史上也具有不可或缺的重要地位。

2023 年 9 月，习近平总书记考察浙东运河文化园时强调，大运河是世界上最长的人工运河，是十分宝贵的文化遗产。大运河文化是中国优秀传统文化的重要组成部分，要在保护、传承、利用上下功夫，让古老大运河焕发时代新风貌。

（6）在各个历史时期持续开拓创新的典范城市

自公元前 490 年越国都城建立，绍兴的 2 500 年发展史始终围绕着理水治水的重大主题，通过各历史时期对水利、灌溉、海防等多个方面的不断创造，将不适宜人类居住的近山咸滩，改造成为富饶优美的鱼米之乡，是人类通过开拓创新来建设宜居家园的伟大成果。

新的历史时期，绍兴始终在守正创新的道路上不断前行，是改革开放的试验田。“枫桥经验”发源于绍兴，已成为基层治理的一面光辉旗帜，向全国推广。“卧薪尝胆、奋发图强、敢作敢为、创新创业”的“胆剑精神”，已经成为绍兴的城市精神及特有气质，并将引领绍兴不断谱写新时代发展新篇章。

2. 绍兴市历史城市保护规划情况

绍兴位于长三角南翼，地处宁绍平原西部，南依会稽山，北濒钱塘江，地理位置十分优越，自古以来长期为区域性的政治、经济、文化中心，目前仍保存着比较丰富的历史文化遗产和成片较为完整的历史文化街区，名城传统风貌和格局颇具特色，具有较高的历史文化价值。国务院于 1982 年 2 月公布绍兴为全国第一批 24 座历史文化名城之一，名

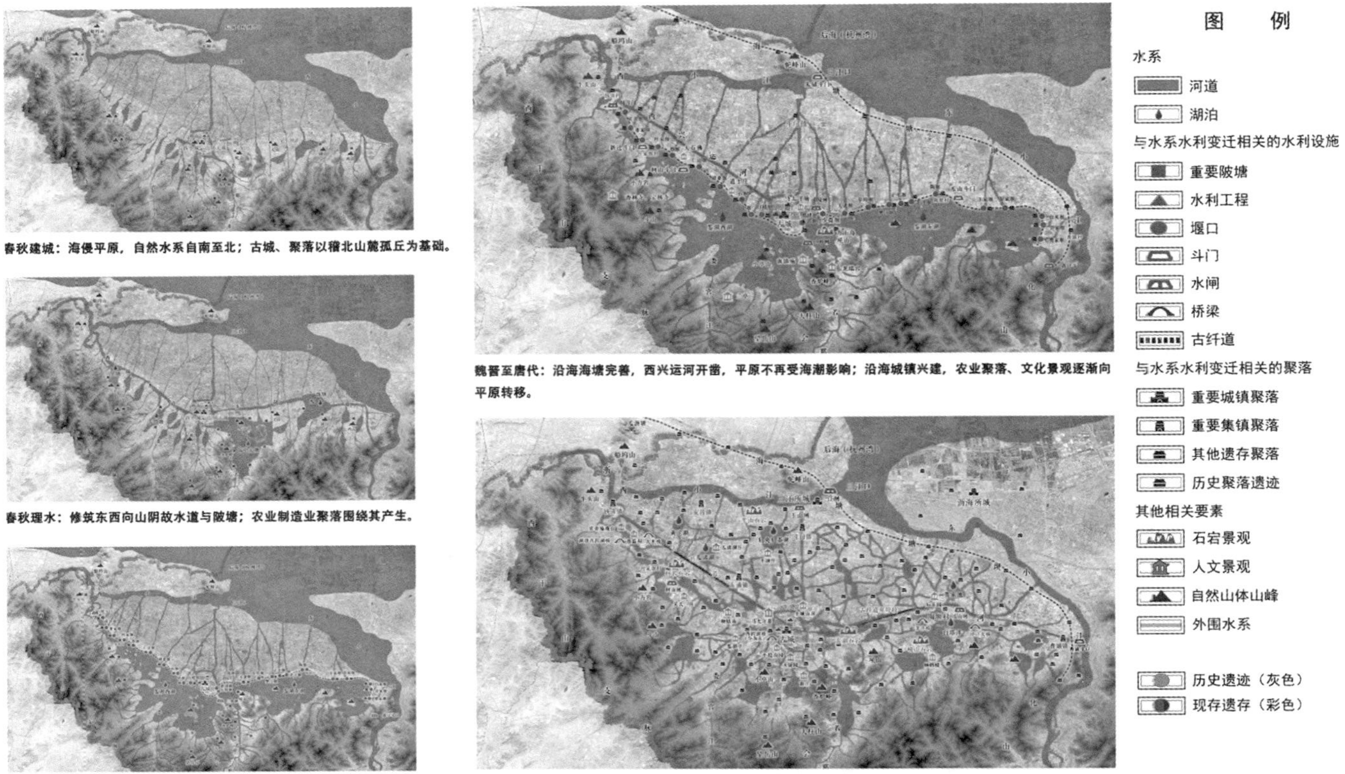

春秋建城：海侵平原，自然水系自南至北；古城、聚落以稽北山麓孤丘为基础。

春秋理水：修筑东西向山阴故水道与陂塘；农业制造业聚落围绕其产生。

东汉：修筑围堤，收集水源形成鉴湖；聚落沿湖堤大规模发展，景观文化逐渐建立。

魏晋至唐代：沿海海塘完善，西兴运河开凿，平原不再受海潮影响；沿海城镇兴建，农业聚落、文化景观逐渐向平原转移。

宋代至清代：三江闸建成，浙东运河完善，鉴湖湮废，平原水网发展，大型陂塘形成；平原农耕聚落，交通要道集镇发展；石宕湖庄等人文景观向平原发展。

图 1-13　绍兴鉴湖流域人地发展历史变迁图

（图片来源：绍兴市国土空间规划研究院、上海同济城市规划设计研究院、上海杨浦同济科技园有限公司《绍兴历史文化名城保护规划（2021—2035 年）》，2024 年）

单公布时将绍兴名城特质提炼为:“春秋时为越国国都，有著名的兰亭、清末秋瑾烈士故居、近代鲁迅故居和周恩来祖居，是江南水乡风光城市。” 这是对绍兴名城重大历史价值的肯定。

长期以来，绍兴政府在名城保护方面做了大量工作，在政府主导、市民参与、企业资助、银行贷款的多元投资机制下，保护文物古迹、治理水系、整治历史文化街区、传承非物质文化遗产等。2006 年，第二

图 1-14　绍兴——江南水乡风光城市

（图片来源：绍兴市城建档案馆）

图 1-15　蕺山（书圣故里）历史文化街区

（图片来源：自摄）

届文化遗产保护国际会议在绍兴举行，绍兴名城保护工作获得了一致好评，被誉为“绍兴模式”；同时，绍兴于 2008 年荣获“联合国人居奖”。仓桥直街作为绍兴历史文化街区保护的典范，也由联合国教科文组织亚太地区委员会授予 2003 年“文化遗产优秀奖”。2015 年，蕺山（书圣故里）历史文化街区被住建部和国家文物局公布为首批中国历史文化街区。2023 年，前观巷历史文化街区、石门槛历史文化街区被浙江省人民政府公布为第七批省级历史文化街区。

为保护名城，绍兴市建立起总体—中观—街区各个层级的保护规划体系。

（1）《绍兴历史文化名城保护规划（2021—2035）》

名城绍兴迄今已编制过三轮历史文化名城保护规划。第一轮名城规划编制于 2001 年，由浙江省人民政府批复，规划形成以“三山三塔”为制高点，以河流为骨架，“三山万户巷盘曲，百桥千街水纵横”的水乡城市风貌，并确定越子城、西小河、鲁迅故里等八片历史文化街区。

2012 年 11 月，修编后的《绍兴历史文化名城保护规划》作为绍兴市城市总体规划的附件获得了国务院办公厅的批准。规划在古城内增补前观巷历史文化街区，并对古城内文物保护单位的区划进行了优化调整，为绍兴名城保护进入 2.0 时代奠定基础。

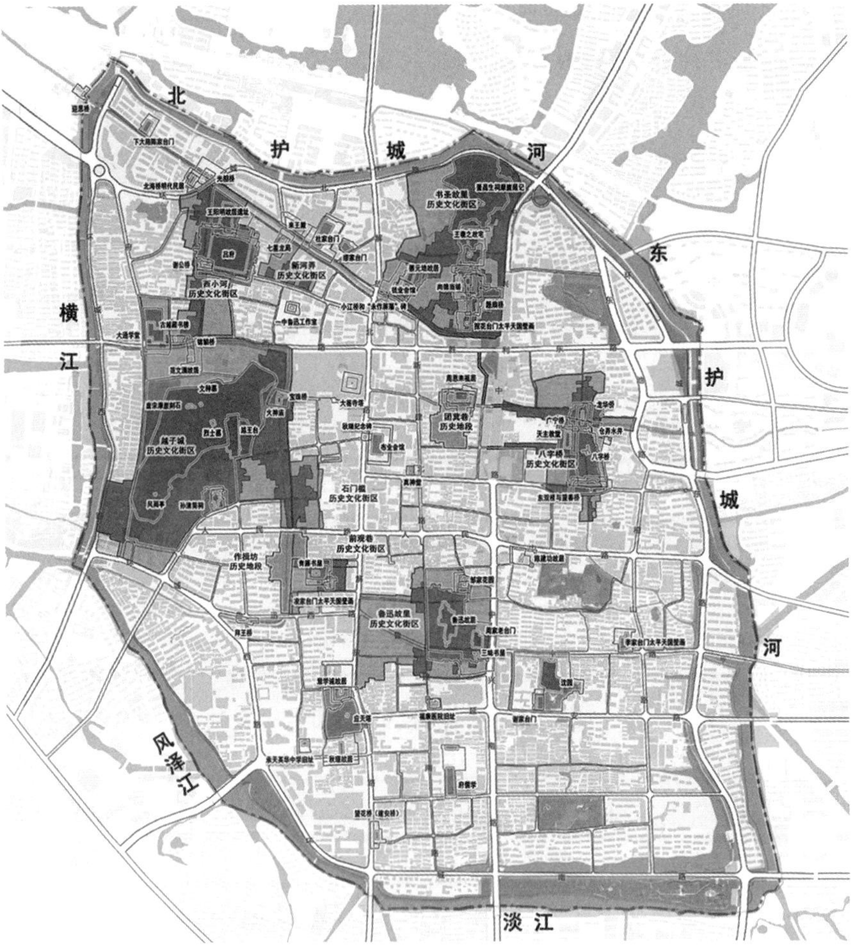

图 1–16　历史城区保护范围规划图

（图片来源：绍兴市国土空间规划研究院、上海同济城市规划设计研究院、上海杨浦同济科技园有限公司《绍兴历史文化名城保护规划（2021—2035 年）》，2024 年）

2021 年，绍兴市启动最新一轮《绍兴历史文化名城保护规划》，新一轮名城规划以中央文件精神为指导，重点做了以下四方面工作。

一是突出以价值为导向的保护，构建保护传承体系。从佐证了 9 000 年人类文明史的小黄山遗址到大禹治水，从越国建都至今 2 500 年城址未变到历史上两度中兴，绍兴历史文化具有突出的连续性、坚韧性和开拓性，是印证中华文明连续性的重要样本。新一轮保护规划概括了“文明之源、文化之邦、中兴之地、革命之城、运河之忆、创新之都”六大历史文化价值，“丰富的理水模式、科学的城址环境、隽美的古城格局、雅致的河街风貌、多样的乡土聚落、鲜活的民间文化”六项名城特色，总结提炼“越宋古都、江南水城、名士之乡”的名城定位；定位、价值、特色、载体相互呼应，整体构建名城保护传承体系。

二是拓展保护对象类型，实现要素全囊括、空间全覆盖。规划分为市域、市区、历史城区三个空间层次，保护对象既包括整体格局、街区地区、名镇名村和传统村落、文物古迹等物质文化遗产，又包括非物质文化遗产和优秀传统文化。并对具有绍兴特色的水利遗产、工业遗产、革命文物等进行了专章表述。注重与绍兴古城相关联的山水环境，在市区层面创新提出鉴湖流域自然与人文遗产一体化保护框架，支撑山会平原整体 2 500 年与水共生的人地发展史。

三是强调遗产以用促保、融入城乡建设的基本理念。在市域层面，再现“一府八县”［山阴、会稽、上虞、余姚（今属宁波）、新昌、嵊县、诸暨、萧山（今属杭州）］文化大格局，提炼市域各县（市、区）文化内涵和价值，推动 3 条依托水系的主题文化游线。在市区层面，聚焦鉴湖流域整体展示利用，提出稽山镜湖、鉴湖运河、西江曹娥 3 条水上游线，依托鉴湖流域自然与人文遗产，构建串联中心城主要片区的文化展示利用系统。在历史城区层面，聚焦非物质文化遗产传承，依托历史城区“一环双轴”，布局文化空间，引导非物质文化资源创造性转化，构筑特色文创发展空间，将历史文化遗产融入现代生活。

四是建立完善保护传承的管理机制。注重上下联动，明确各级保护责任主体和各部门职责，并在绍兴古城（历史城区）CIM 数字平台基础上，提出对标国际一流智能城市管理水平，建立“绍兴古城运行管理智慧平台”。近期规划方面，从保护对象调查认定与保护、规划编制研究、历史城区实施项目、市域主题文化片区及游线打造、实施机制建设 5 个方面建立近期实施清单，明确项目责任部门。

（2）中观层面的规划、研究

1）《绍兴古城保护发展规划》

规划确定“生态古城、休闲慢城”的保护发展目标，构建“点、线、面”保护 +“一环五片”整体开发的工作思路。以保护为基础，通过规划引路、政策开路，逐步疏解古城内人口、功能，将绍兴古城发展为自然和人文融合、生态和生活并重的旅游名城。

2）《绍兴古城保护利用总体城市设计》

规划明确古城振兴“一条主线、三步走”的基本思路。以价值特色为核心竞争力，梳理特色空间，片区差异定位，作好示范带动。坚持“活化利用就是最好的保护”原则，全面提升文化品质和街区活力。坚持“全城风貌管控”导向，古城的每一个项目都要为古城风貌加分，适时有序推进风貌恢复。坚持“非古城功能疏解和整治提升”标准，着力提升宜居、宜业、宜游水平。坚持“文商旅一体化发展”思路，全面激活文旅文创产业。

3）《古城水系综合恢复提升规划研究项目》

规划包含两个层次的内容：第一层次，梳理古城水系现状，研究古城水系演变过程，分析研判古城内水流、河道、河坎、部分古桥风貌、游船通行情况、沿河景观整治等存在的问题，提出古城水系综合恢复提升、内河游线打造及沿河界面整治总体思路及要求，明确水系治理目标定位，制定古城历史水系恢复和现有水系改造提升计划。第二层次，编制古城水系恢复、内河游线打造、风貌整治和水利设施综合提升规划设计方案：古城水系格局的演变动态演示，古城内现存的各条河道水利设施和周边整体风貌的整治提升规划设计方案（修建性详细规划深度），

图 1–17　绍兴古城保护利用总体城市设计图

（图片来源：清华同衡城市规划设计研究院《绍兴古城保护利用总体城市设计》，2018 年）

古城内需恢复的历史河道和周边整体风貌的恢复提升规划设计方案（修建性详细规划深度），项目实施计划。

4）《绍兴古城智慧复兴规划设计》

规划根据历史保护空间不匹配古城整体发展需求的痛点问题，提出

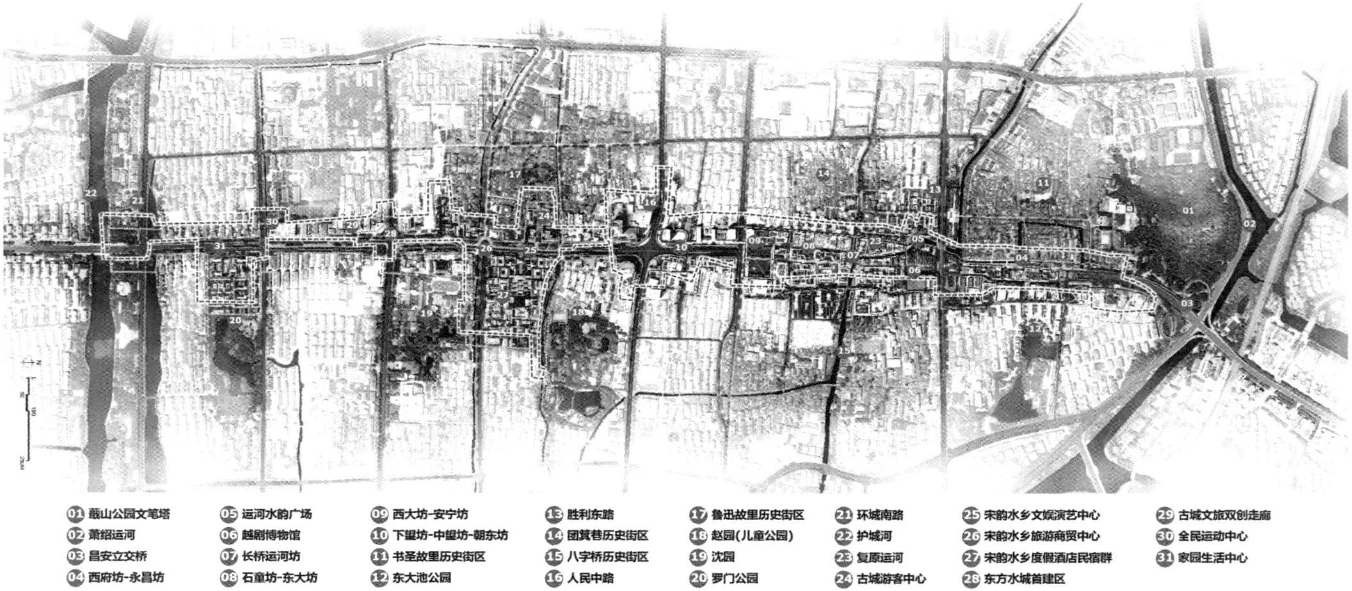

图 1-18　中兴绿廊复兴纵轴

（图片来源：同济大学、绍兴市国土空间规划研究院《绍兴古城智慧复兴规划设计》，2023 年）

古城复兴的三大目标：一是解决古城痛点、引爆复兴触媒，主要是一道（中兴绿廊复兴纵轴）、一河（运河复兴横轴）、一会（古城创意博览会）三个关键举措。二是连通活力板块，恢复山水视廊，提出“水环通、版块通、视廊通”。三是复兴东方水城、迈向世界遗产，明确全盘激发业态复兴、全域完善家园设施、全面复兴古城格局、全力提升世界影响。最终目标是把绍兴古城打造为全球古城复兴的典范。

（3）街区层面的规划、研究

街区层面的规划研究，除正在编制中的《蕺山（书圣故里）历史文化街区保护规划》《石门槛历史文化街区保护规划》《前观巷历史文化街区保护规划》外，还编制了《越子城及周边区域规划研究》《书圣故里南入口——“探花坊”区块规划研究》《鲁迅故里及周边区域综合提升规划研究》《团萁巷历史地段及周边区域综合提升规划研究》《八字桥及周边区域综合提升规划研究》等方案，提出对策建议，落实工作举措。这些街区层面规划研究的全面展开，为形成“一城一桥三故里”的保护格局提供了操作依据。

3. 绍兴市历史文化资源调查评估相关文件要求与工作开展情况

（1）《绍兴市人民政府关于加强历史建筑保护传承工作的实施意见》

2023 年 3 月作为市政府规范性文件发布。指导思想以习近平新时代中国特色社会主义思想为指导，深入贯彻落实习近平总书记关于历史文化保护传承工作的重要指示批示精神，始终把保护放在第一位，通过加强制度顶层设计，建立分类科学、底数清晰、保护有力、管理有效、传承发展的历史建筑保护传承体系，既保护单体建筑，又保护区块风貌、整体格局，同时保护与之相适应的自然景观、人文环境和非物质文化遗产，实现城乡建设与历史文化传承有机结合。

文件重点完善城乡更新征迁前置评估程序。要求市自然资源和规划局、市建设局、市文广旅游局统筹谋划全市征收拆迁工作，制订未来三

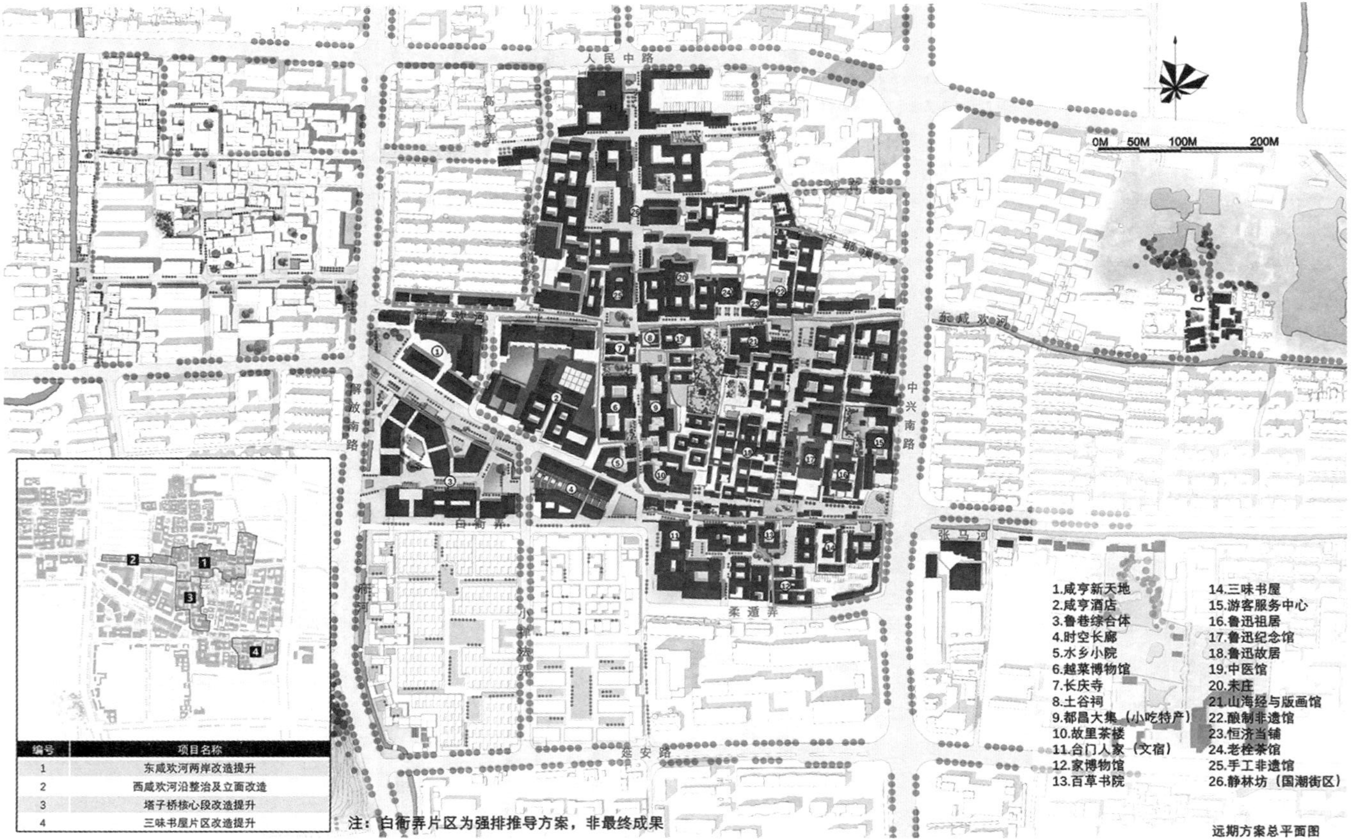

图 1-19 鲁迅故里及周边区域综合提升规划研究总平面

（图片来源：浙江大学城乡规划设计研究院《鲁迅故里及周边区域综合提升规划研究》，2020 年）

年村庄征收拆迁、城市更新项目清单和行动计划，针对性开展历史建筑普查、评估和保护名录编制工作，建立村庄征收拆迁和城市更新项目前置审查工作机制。在征收拆迁前，征收拆迁实施主体应对拟征收拆迁范围内可能具有历史文化价值的建（构）筑物、建筑构件、材料等，进行鉴定和评估。对历史建筑和具有保护价值的对象及其所处的空间环境、自然景观、人文环境、非物质文化遗产等，进行科学评估，划定保护范围，明确管控要求，形成评估报告。未完成历史建筑认定和前置调查评估的区块，不得实施城市更新。并从规划引领、功能活化、收储利用、人才培育、资金支持等方面逐步构建多层次多要素的绍兴历史建筑保护传承体系，坚决遏制建设性破坏行为，形成不敢破坏、不能破坏、不想破坏的社会共识。

（2）相关工作开展情况

为贯彻落实中央、省、市有关文件精神，目前我市所有拟征迁地块都要开展历史文化资源前置评估。2023 年 6 月，由中国城市规划设计研究院编制的《绍兴市越城区灵芝街道嘉会村（阳嘉弄居）历史文化资源调查报告》通过专家评审并上报省建设厅备案，这是我市按照《绍兴市人民政府关于加强历史建筑保护传承工作的实施意见》，在《历史文化资源调查评估论证（指南）》框架指引下编制的第一份历史文化资源前置评估报告。随后《越城区马山街道东星、宁六片区历史文化资源调查报告》《越城区东湖片区历史文化资源调查报告》《上虞区梁湖街道华山局历史文化资源评估报告》《柯桥区安昌街道旗山村、西宸山村历史文化资源调查评估报告》等一批报告先后编定，相关评估工作陆续开展。

根据绍兴市建设局统计，目前绍兴市已陆续完成 19 个区块的历史文化资源前置评估，其中 14 个区块已根据要求提交省住建厅备案，该项工作走在全省前列。

图 1-20　东星、宁六片区更新措施建议图

（图片来源：绍兴市国土空间规划研究院《越城区马山街道东星、宁六片区历史文化资源调查报告》，2023 年）

第二章

塔山片区历史建成环境资源

一、历史形成与空间演变

1. 自然地理环境

（1）地形地貌

绍兴市总体地势南高北低，南部为低山丘陵，海拔在 10 米至 736 米不等，属会稽山区；中部为水网平原，海拔在 10 米以下，属于宁绍平原的一部分；北部为滨海海涂，海拔在 10 米以下，为曹娥江、杭州湾流沙。

绍兴古城属于中部水网平原地形，海拔在 5 米左右，古城内山水相依，著名的“三山”（府山、塔山、蕺山）鼎足而立于古城之中，形成绍兴一道独特的风景线。塔山片区位于绍兴古城南部，地势平坦，偶有低丘，河流纵横交叉，湖泊星罗棋布，农田切割为大小涂田，故有“鱼米之乡”之称。塔山片区内有山有水，山者，越中“三山”之一塔山也。水者，河也。塔山位于塔山片区西北部，山顶海拔高度仅 30 米左右，原称龟山，又名飞来山、怪山、东武山、宝林山等，其历史最早可追溯到东汉《越绝书》所记载的龟山及怪山，直到明末清初，塔山一名才始见于文人的诗词中，康熙《绍兴府志・山川》中提到塔山：“……上有应天塔，今呼塔山。”

（2）河流水系

绍兴境内河道密布，湖泊众多，素以“水乡泽国”闻名。受山脉走向和亚热带季风气候影响，境内河流普遍具有流量丰富、水位季节变化大、一年两汛期、上游水力资源丰沛、下游受海潮顶托等特点。绍兴市境内河流主要分属两大水系，即钱塘江水系和甬江水系。属钱塘江水系的主要有曹娥江、浦阳江和壶源江，属甬江水系的仅有姚江支河。其

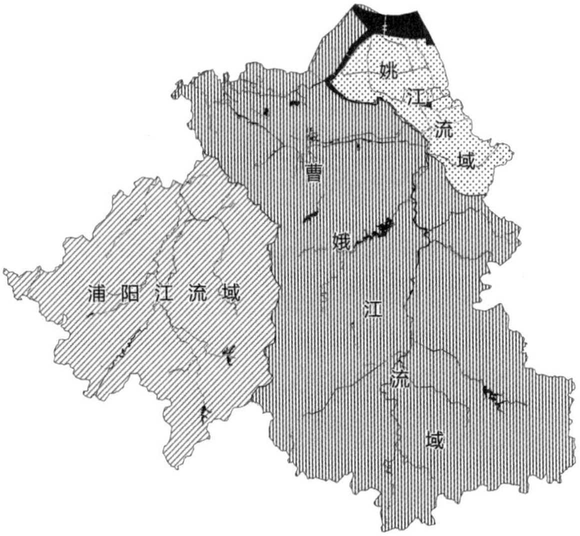

图 2-1　绍兴境内水系分布图

（图片来源：自绘）

中曹娥江发源于磐安县齐公岭，自南而北流经新昌、嵊州、上虞，于绍兴三江口以下注入杭州湾，干流全长 192 公里，境内长 156.6 公里；浦阳江发源于浦江县花桥乡，干流总长 151.1 公里，境内段长 67.6 公里，流域面积 2 224.9 平方公里；壶源江发源于浦江县境内高塘，经桐庐新合、诸暨龙门，在富阳市桑园汇入富春江，全长 102.8 公里，流域面积 760.9 平方公里；姚江发源于余姚市四明山脉眠岗山（主峰 687 米）西麓，至宁波三江口河长 107.4 公里，姚江在绍兴市上虞境内集水面积 754.4 平方公里。此外，绍兴境内也有诸多湖泊分布在绍虞水网平原境内，与曹娥江水系、浦阳江水系等交织成河网水系，多具蓄水、排涝、灌溉、拒咸、通航和养殖功能。

绍兴古城内的河道水系特点自春秋时期范蠡受命筑勾践小城进行选址时便奠定了基础。东汉围筑鉴湖，使湖水穿城而过，确保了城内河道的活水源头。唐宋时期，古城内已形成街随河走、河随街流的“一街一河”“一河两街”及“有河无街”的街河布局。明清时期，历任知府多基于已成型的古城河网，开展疏浚治理，使得河网更加完善，构成“三山万户巷盘曲，百桥千街水纵横”的典型水城。至光绪十八年（1892），绍兴城内河网结构完备、自成体系，形成城内以南北向府河为中心，接与稽山河、府河、环山河相交的东西河道的水网格局。民国时期，绍兴城内河道仍保持清末水城格局。中华人民共和国成立后，城内河道时有疏浚，同时也为发展经济而填河筑路。至1990年，绍兴古城尚存17条河道，分别是环山河、稽山河、上大路河、萧山街河、蕺山河、都泗河、西小河、府河、咸欢河、缪家桥河、都昌坊河、汲水弄河、金刚庙前河、投醪河、罗门畈河、南环城内河、东环城内河。

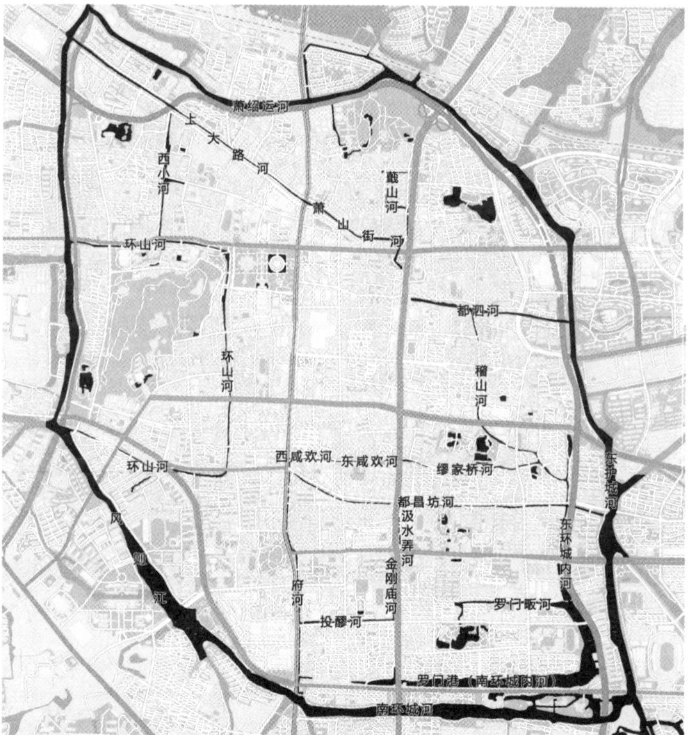

图 2-2　绍兴古城内主要河流图

（图片来源：自绘）

（3）气候条件

绍兴境内属亚热带季风气候区，受季风影响，绍兴市气候呈现温暖湿润、雨量丰沛、光照充足、四季分明的特征。年平均气温 16.5℃，年平均最高气温约为 20℃，日照 2 005 小时，无霜期 237 天。绍兴市的降水量较为充沛，全年平均降水总量约为 710 mm，平均降水天数为 56 天，并受地形抬升影响，降水量自北向南递增。由于地处亚热带，绍兴市的光热条件相对较好，雨量充沛、日照适宜，有利于农业生产。受季风气候和自然地形影响，绍兴市气候的地区性差异明显，存在洪涝、干旱和低温冷害等灾害性天气。据近 30 年气象资料，洪涝平均每两年发生一次，多集中在 5 至 10 月；干旱年发生率为 0.8 次，以伏、秋旱为多。

（4）资源条件

绍兴市自然资源丰富，人称“藏宝之地”。绍兴境内矿产分布呈北东—南西向长条状，有中间的江绍拼合带、北侧古生代沉降带和南东侧元古界变质基底三条主要成矿带，已探明有 30 种 80 个矿点，铁矿分布于漓渚一带，储量 7 500 万吨，平均品位 30.7%；铜主要产于平水西裘村，B、C—D 级储量 20 万吨，占全省已探明储量的 72%；还有金、银、锌、钼、铅等金属矿藏和铌、含铌锐钛等稀有金属矿床。萤石、磷、高岭土、瓷石、叶蜡石、钾长石、云母、石墨等非金属矿藏和石英、白云石、石灰石、黑曜岩、珍珠岩、石料等建筑材料颇为丰富，石煤、泥炭等燃料矿藏亦不少。有海涂资源 7.77 万亩。

绍兴市地处中亚热带区域，野生动植物种类繁多，记录的野生动物近 480 种，包括鸟类 354 种，两栖爬行类 72 种，兽类 50 余种。其中有国家一级重点保护动物 17 种，国家二级重点保护动物 83 种。自然植被包括 153 科、449 属、879 种，涵盖阔叶林、针叶林、灌木林、混交林、竹林和盐生等类型，森林覆盖率达 55.18%。人工植被主要有粮油作物、经济作物和观赏植物，粮油、经济作物品种超过 100 种，蔬菜作物有 33 类、128 种，观赏花卉有 120 多种、240 余属、800 多个品种。绍兴市还有国家一级重点保护野生植物 3 种、二级重点保护野生植物 16 种。

绍兴市土地资源类型丰富，水资源储备富足。境域内有林地 46.81 万公顷，其中森林面积 45.64 万公顷；竹林面积 8.39 万公顷。活立木蓄积 2 338.51 万立方米，森林蓄积 2 279.36 万立方米。各类土地总面积 827 907 公顷，其中农用地 662 949 公顷，建设用地 122 440 公顷，未利用地 42 518 公顷。境域总水资源量 101.70 亿立方米，地表水资源量 99.02 亿立方米，地下水资源量 2.68 亿立方米，人均水资源量 1 905.6 立方米。

2. 建置沿革

绍兴的城市性质及地位，与历史脉络息息相关，曾先后为越国都城、吴越国东府、南宋临时首都、明末鲁王监国之所，历史底蕴十分深厚。自春秋置会稽郡至唐初期间，绍兴始终为浙江境内最大城市，但自中唐以后，钱塘兴起，又因钱镠建都钱塘，使得五代时期钱塘县地位一跃超过绍兴。南宋后，随着东南沿海明州（今宁波）、温州渐兴，绍兴在浙江省内地位逐渐下降。元明清时期，虽然绍兴仍为路治、府治及山阴、会稽县治所在，但城市规模始终没有新的扩张。民国时，绍兴虽为行署所在地，但实际仅是一个县城而已。中华人民共和国成立后，绍兴先后经历专区的设立与撤并、地级市的撤销与重置，终于在 20 世纪 80 年代中期撤地建市，并延续至今。

（1）古代建置

绍兴建置始于春秋时期，据史载：大禹治水告成，在境内茅山会集诸侯，计功行赏，死后葬于此山，因更名茅山曰“会稽”。秦王政二十五年（前 222），秦以吴越地置会稽郡，治吴县（今苏州），越国故都大越城所在地区为山阴县。东汉永建四年（129）吴会分治，分会稽郡置吴郡，今钱塘江以南仍为会稽郡，范围覆盖整个浙东地区，治山阴。西晋会稽公孙秀之封地称会稽郡，东晋会稽王司马昱之封地称会稽国，南朝至隋初期复属会稽郡，治所仍为山阴。隋炀帝大业元年

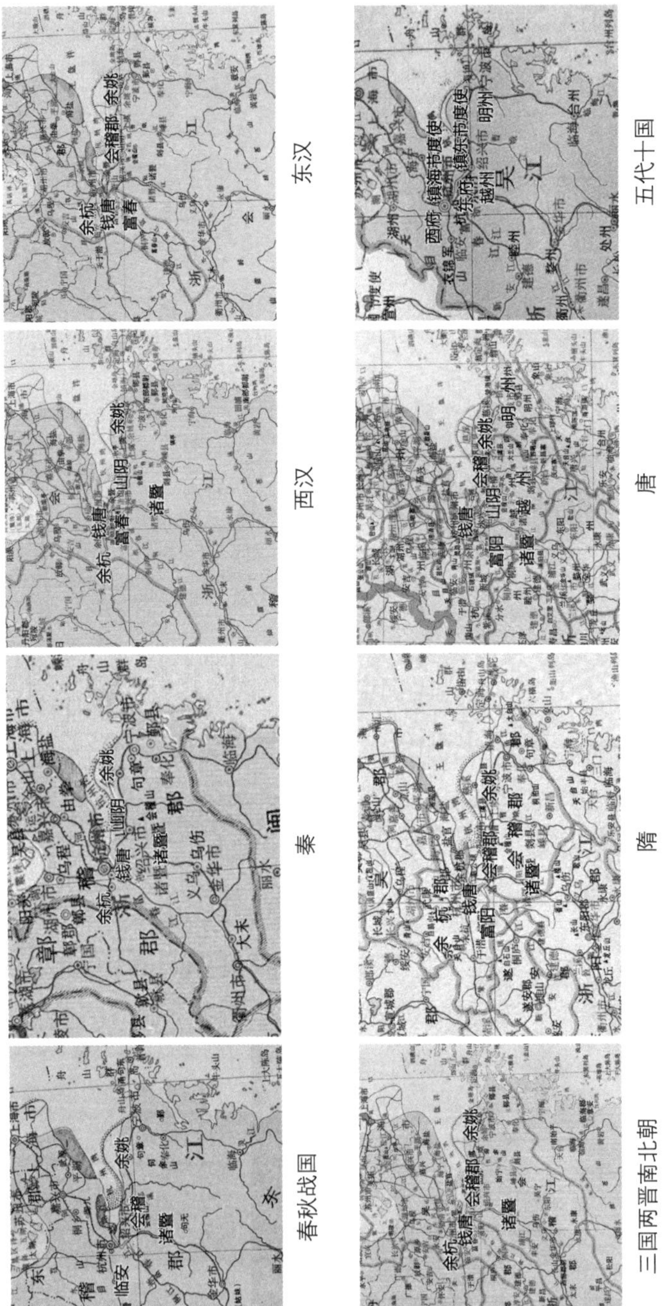

图 2-3　宋代以前绍兴建置过程图

（图片来源：谭其骧主编《中国历史地图集》，中国地图出版社，1982—1988 年）

（605），废吴州，以原吴州境置越州，治会稽县，是为越州名称之始。隋炀帝大业三年（607），复为会稽郡。此后，隋唐时期越州与会稽郡两个建置名称交替出现。唐武德四年（621），改会稽郡为越州，治会稽县。直至后梁开平元年（907），钱镠被封为吴越王，建都杭州，称西府；又以越州为吴越国陪都，称东府。

北宋时期分天下为15路，越州属两浙路，后于北宋熙宁七年（1074），分两浙路为两浙东路和两浙西路。南宋时期绍兴发展迎来高峰，越州升为府，并赐名绍兴，为南宋陪都，府治设于山阴。

南宋以后，绍兴的建置基本稳定。元世祖至元十三年（1276），改绍兴府为绍兴路，辖县和治所均不变。元至正二十六年（1366）复置绍兴府，治山阴。明清时期称绍兴府，明时属宁绍道，清时属宁绍台道。

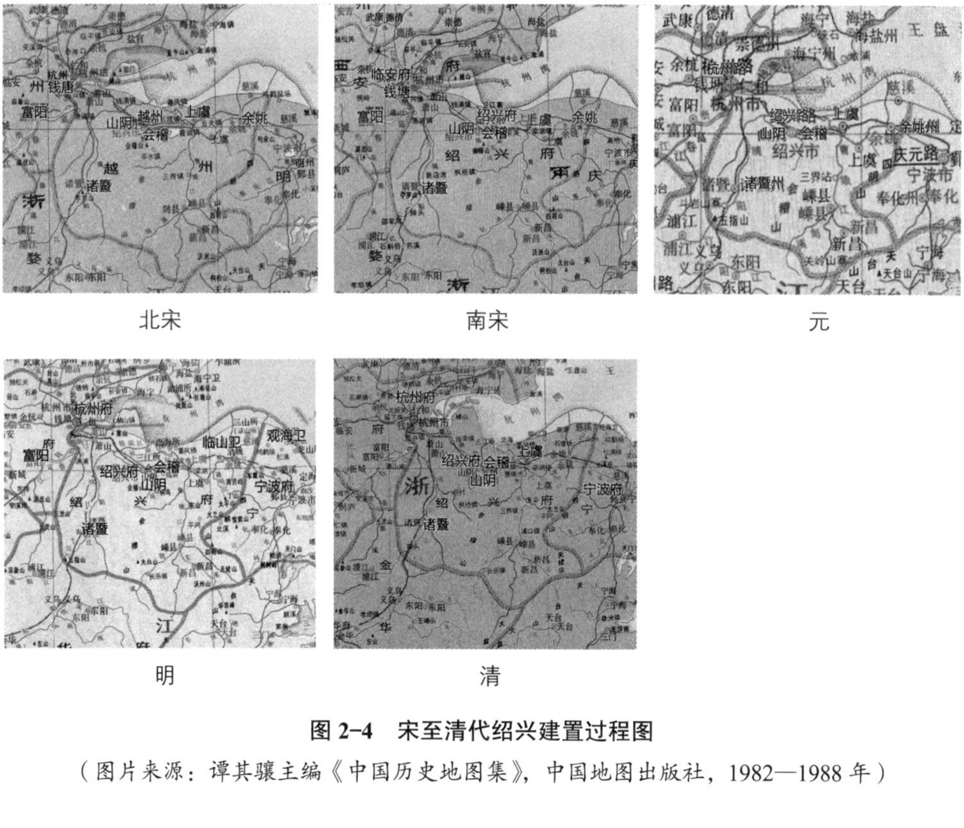

北宋　　南宋　　元

明　　清

图 2-4　宋至清代绍兴建置过程图

（图片来源：谭其骧主编《中国历史地图集》，中国地图出版社，1982—1988 年）

表 2-1　绍兴古代建置沿革变化表

<table>
<tr><th colspan="2">朝　代</th><th>隶　属</th><th>治　所</th><th>名　称</th><th>下　辖</th><th>年　代</th></tr>
<tr><td>周</td><td>春秋</td><td>越国</td><td>会稽</td><td>会稽</td><td></td><td>前 494</td></tr>
<tr><td colspan="2">秦</td><td rowspan="5">会稽郡</td><td rowspan="2">吴县
（今苏州）</td><td rowspan="5">会稽郡</td><td>20 余县</td><td>前 222</td></tr>
<tr><td rowspan="2">汉</td><td>西汉</td><td>26 县</td><td></td></tr>
<tr><td>东汉</td><td rowspan="6">山阴</td><td>15 县</td><td>129</td></tr>
<tr><td colspan="2">三国</td><td>31 县</td><td></td></tr>
<tr><td colspan="2" rowspan="2">晋</td><td rowspan="6">8 县</td><td></td></tr>
<tr><td>会稽国</td><td>会稽国</td><td>281—301
326—421</td></tr>
<tr><td colspan="2" rowspan="2">南北朝</td><td rowspan="2">东扬州</td><td rowspan="3">会稽郡</td><td></td></tr>
<tr><td>454</td></tr>
<tr><td colspan="2" rowspan="2">隋</td><td>吴州</td><td rowspan="9">会稽县</td><td>589</td></tr>
<tr><td rowspan="6">越州</td><td rowspan="13">越州</td><td>605</td></tr>
<tr><td colspan="2" rowspan="9">唐</td><td>3 县 3 州</td><td>621</td></tr>
<tr><td>5 县 2 州</td><td>624</td></tr>
<tr><td>5 县</td><td>625</td></tr>
<tr><td>6 县</td><td>677</td></tr>
<tr><td rowspan="2">7 县</td><td>686</td></tr>
<tr><td rowspan="2">江南道</td><td>711</td></tr>
<tr><td rowspan="2">6 县</td><td>737</td></tr>
<tr><td rowspan="2">浙江东道</td><td rowspan="2">越州</td><td>758</td></tr>
<tr><td>7 县</td><td>785</td></tr>
<tr><td colspan="2">五代十国</td><td>吴越国</td><td rowspan="2">杭州</td><td rowspan="4">8 县</td><td>908</td></tr>
<tr><td rowspan="3">宋</td><td rowspan="2">北宋</td><td>两浙路</td><td></td></tr>
<tr><td rowspan="2">两浙东路</td><td>越州</td><td>1074</td></tr>
<tr><td>南宋</td><td>绍兴府</td><td>绍兴府</td><td>1131</td></tr>
</table>

续　表

<table>
<tr><th>朝　代</th><th>隶　属</th><th>治　所</th><th>名　称</th><th>下　辖</th><th>年　代</th></tr>
<tr><td rowspan="4">元</td><td>江淮行省</td><td>江苏扬州</td><td rowspan="3">绍兴路</td><td rowspan="2"></td><td>1276</td></tr>
<tr><td rowspan="3">江浙行省</td><td rowspan="2">杭州</td><td>1284</td></tr>
<tr><td>6 县 2 州</td><td>1295</td></tr>
<tr><td>山阴</td><td rowspan="4">绍兴府</td><td>7 县 1 州</td><td>1366</td></tr>
<tr><td>明</td><td>宁绍道</td><td>初设绍兴，后移宁波</td><td rowspan="2">8 县</td><td>1369</td></tr>
<tr><td rowspan="2">清</td><td rowspan="2">宁绍台道</td><td rowspan="2">宁波</td><td></td></tr>
<tr><td>7 县</td><td>1911</td></tr>
</table>

（2）近代建置

民国元年（1912）2 月，废府、州、厅旧制，实行省、县两级制，原绍兴府辖县均直属浙江省军政府。民国三年（1914）于省县间设会稽道，治宁波。民国三年，袁世凯复辟帝制，于浙江省境内置钱塘、会稽、金华、瓯海 4 道，会稽道治宁波。民国十六年（1927）取消道制，实行省、县两级建制，原绍兴府七县直属于省。民国二十四年（1935）置绍兴行政督察区，专员公署驻绍兴县，辖绍兴、上虞、余姚、嵊县、新昌、诸暨、萧山七县。此后，经历多次行政督察区划调整直至 1949 年 5 月绍兴解放。

中华人民共和国成立后，1949 年 10 月，以绍兴县越王镇置绍兴市，隶属绍兴专区。1951 年 2 月，先后成立互助组。1952 年撤销绍兴专区，绍兴市改为省辖地级市，直属于省政府。同年 7 月 24 日，建市辖府山、北海、蕺山、塔山四区，并开始试办初级社。在社会主义改造与计划经济体制建立的背景下，1953 年 2 月 4 日，改绍兴市为县级市，同年 5 月，绍兴市复为省辖市。1955 年，塔山区域互助组合并，先后成立 6 个初级合作社。同年秋冬起，合作化运动继续发展，逐渐成立高级合作社。1956 年，初级社合并成立塔山农业生产合作社。同年，建立塔山农业生产合作社党支部。

大跃进时期，国家通过大规模的群众运动加速工业化和农业现代化，后对经济政策进行调整，实行“调整、巩固、充实、提高”的方针，努力恢复和稳定经济。1958 年，人民公社实行“政社合一”，塔山农业合作社划入东湖公社管辖，改名塔山大队。同年 8 月，将高级社合并升级，10 月，全县实行公社化，12 个区共建立 15 个农村人民公社，下辖 137 个大队（管理区）；同年 7 月，有 12 个人民公社调整大队规模，由原来的 137 个大队合并为 104 个。“塔山大队”属城郊区。1959 年，塔山农业合作社从东湖公社分离，由绍兴县城郊区管辖，成立塔山农业生产大队。1961 年，党组织从东湖公社划出，恢复塔山大队。1962 年，绍兴市撤销并入绍兴县，塔山街道办事处接管塔山大队党支部。

1966 年塔山大队更名为“东方红”大队。1967 年建立“东方红”大队新党支部，三个片区农业生产基地也相应更改名称：东郭门片改名为“东方片”，罗门畈片改名为“跃进片”，望花畈片改名为“解放片”。此后在大队长领导下，各片设立生产操作组。

1964 年 9 月复设绍兴专区，驻绍兴县，之后 10 余年绍兴专区仅作建置名称的调整，先后改名为绍兴地区和绍兴地区行政公署。1981 年，塔山大队名称恢复，重新编制为 10 个生产小队。1983 年，撤销人民公社，塔山大队更名为塔山村。7 月，绍兴撤地建市，置越城区（县级），辖府山、塔山、蕺山、北海 4 街道，禹陵、城东、梅山、灵芝、亭山 5 乡和东湖镇。1985 年，越城区塔山街道办事处接管塔山片区，塔山村正式成为村级行政建置。

3. 空间形态演变

公元前 491 年，为适应吴越争霸形势需要，大夫范蠡奉越王勾践之命“定国立城”。范蠡针对越国的军事及经济实际，提出了“处平易之都，据四达之地，立王霸之业”的选址思想，在今天会稽山北麓奠定绍兴城址，历经 2 500 年，古城城址未变。而塔山片区所在绍兴古城城南区域，除少数贤庙宗祠和零星村落外，主要为绍兴古城内的“留白”地，并未作为古城核心统治机构所在地使用，因而塔山片区空间格局变化不大。

（1）春秋战国时期（前 491—前 221）：西城东郭、分设里闾

公元前 490 年，败于吴国的越王勾践，将国都迁至山会平原，由范蠡主持修建，范蠡将“象天法地”的思想运用于城市建设。越都城的空间组织由勾践小城和山阴大城两部分组成，呈现西城东郭、城郭相连的空间结构形态，体现了坐西朝东为尊的周代礼制。

“筑城以卫君，造郭以居民”，小城是越部族的政治中心和军事堡垒，大城是经济中心和生产基地。小城筑成当年，范蠡在其基础上增筑大城，依托九座孤丘而建，规模大于小城十倍。北面的城墙没有修筑，

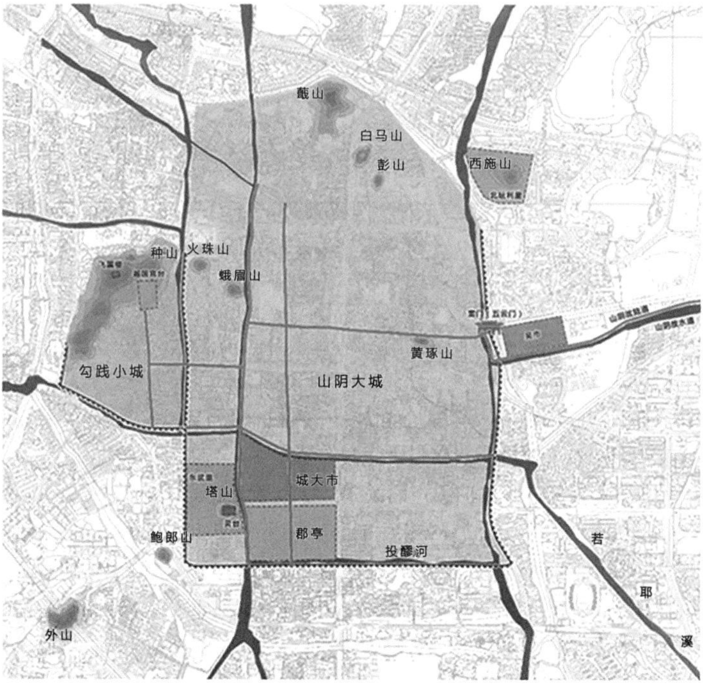

图 2-5　春秋战国时期越国都城空间格局

（图片来源：自绘）

以示服吴。大城设陆门三，水门三。城西南部为生产中心，东北部为商业中心。塔山片区位于大城南部，属于越城生产中心，居民住宅分处其间，街道分东西、南北各两条主街，整体呈“井”字形。城内居住区分为若干个里闾，文献记载隋以前会稽相继出现过 28 个里闾。

（2）秦汉六朝时期（前 221—581）：围筑鉴湖、开凿运河

秦汉六朝时期会稽郡城空间形态变化较小，仍延续了春秋时期勾践小城和山阴大城两部分格局，呈现西城东郭、城郭相连的空间结构形态。而塔山片区所在城南区域基本延续春秋时期以来的闾里制度，街道分东西、南北各两条主街，整体呈“井”字形。

秦汉六朝时期最受瞩目的便是修建古鉴湖，奠定浙东运河的基础。东汉会稽太守马臻于永和五年（140）主持古鉴湖修建工程，工程包括围堤、涵闸排灌等设施，具有防洪、航运、供水的综合效益。鉴湖形成之后，又积极整理内河网、修筑沿海海塘。人工运河的开凿和修建非一日之功，而是代代相继，南朝时浙东运河的雏形形成，才得以利在千秋。

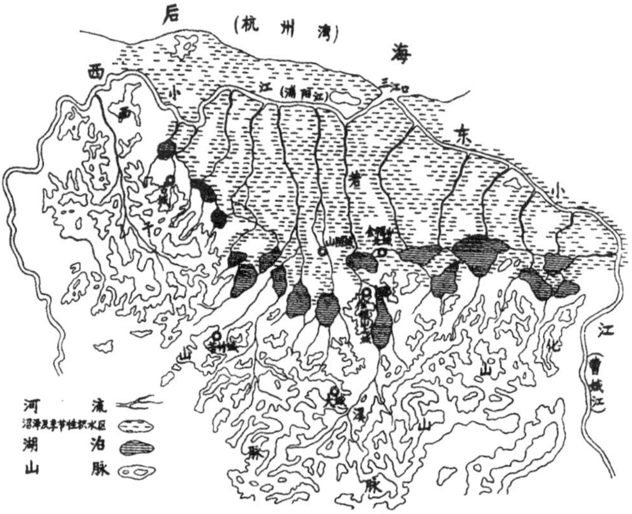

图 2-6　东汉永和以前山会水系示意图

［图片来源：陈桥驿《古代鉴湖兴废与山会平原农田水利》，《地理学报》1962（03）：187-202 页］

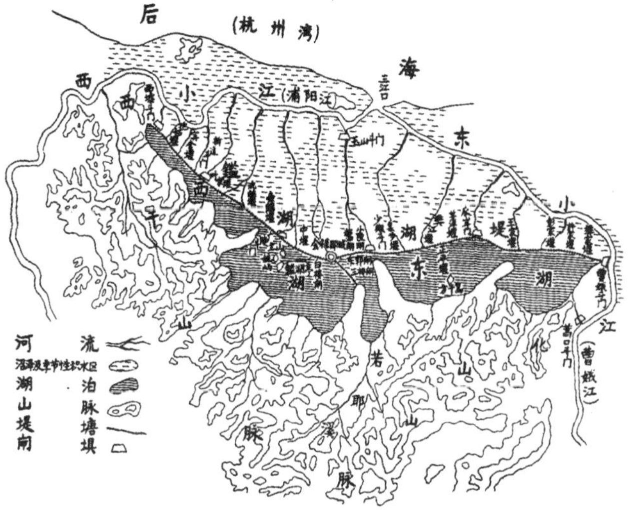

图 2–7　东汉永和至北宋山会水系示意图

［图片来源：陈桥驿《古代鉴湖兴废与山会平原农田水利》,《地理学报》1962（03）：187–202 页］

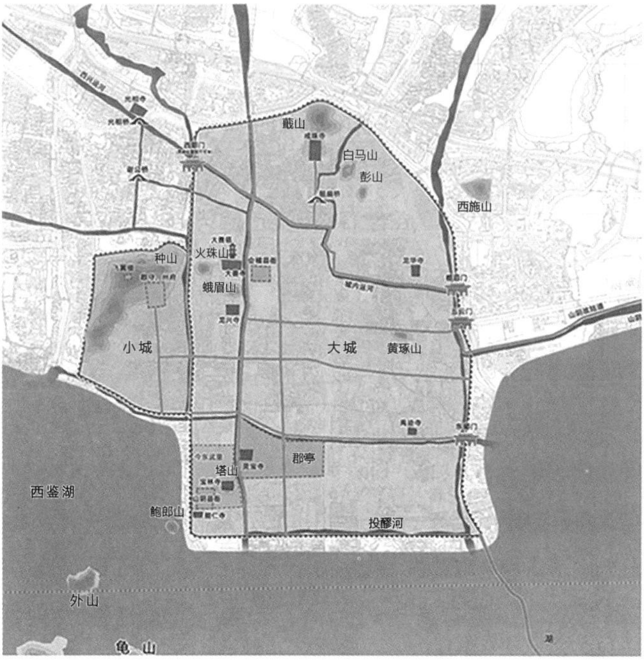

图 2–8　秦汉六朝时期会稽郡城格局

（图片来源：自绘）

（3）隋唐至北宋（581—1127）：双城嵌套、水系初成

隋唐时期，绍兴古城格局基本奠定；北宋时期，古城发展突破城墙限制开始向城郊地区扩展。隋开皇十一年（591），越国公杨素修缮大城，将原本坐西朝东的毗邻城改建为坐北朝南套城结构，将小城扩建为周长十里的子城，将山阴大城增修至方二十四里二百五十步，称罗城，共辟有九处城门。塔山片区则位于罗城南部。子城是地方的政治军事核心，罗城是重要的军事工程。子城西、北两面以卧龙山为屏障，不设壕堑；东、南两面建城垣，并与罗城衔接。至此，绍兴城市轮廓基本确定，今绍兴城环城公路与之基本重合。唐代越州没有大的变动，唐末钱镠治越时进行了重修，但是并未改变城市格局。

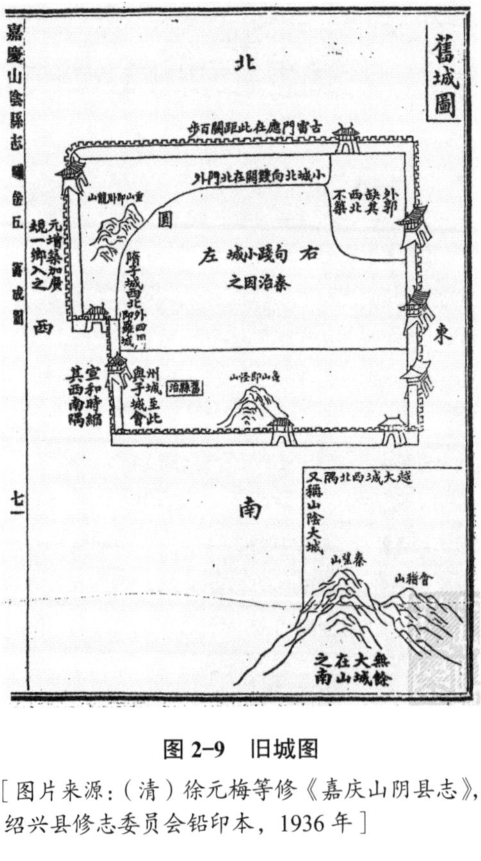

图 2-9　旧城图

［图片来源：（清）徐元梅等修《嘉庆山阴县志》，绍兴县修志委员会铅印本，1936 年］

北宋时，因浙东运河的影响，绍兴城市建筑的分布扩展到府山东北方向，并沿运河向西北方向延伸，导致城市形态出现城北部分以仓场、库务、馆驿、客邸、市场为主，塔山片区所在古城南部以官衙、官学、官绅宅舍和部分寺观为主的功能分异。

绍兴的水利建设大体以隋唐为界，分为两个阶段。隋唐时期，绍兴水利建设由拦蓄为主转向侧重于疏治平原河网、建立海塘防御，因此隋唐时期基本形成了绍兴水城格局。塔山片区所在古城南部则形成“一纵三横”格局，其中“一纵”为府河，

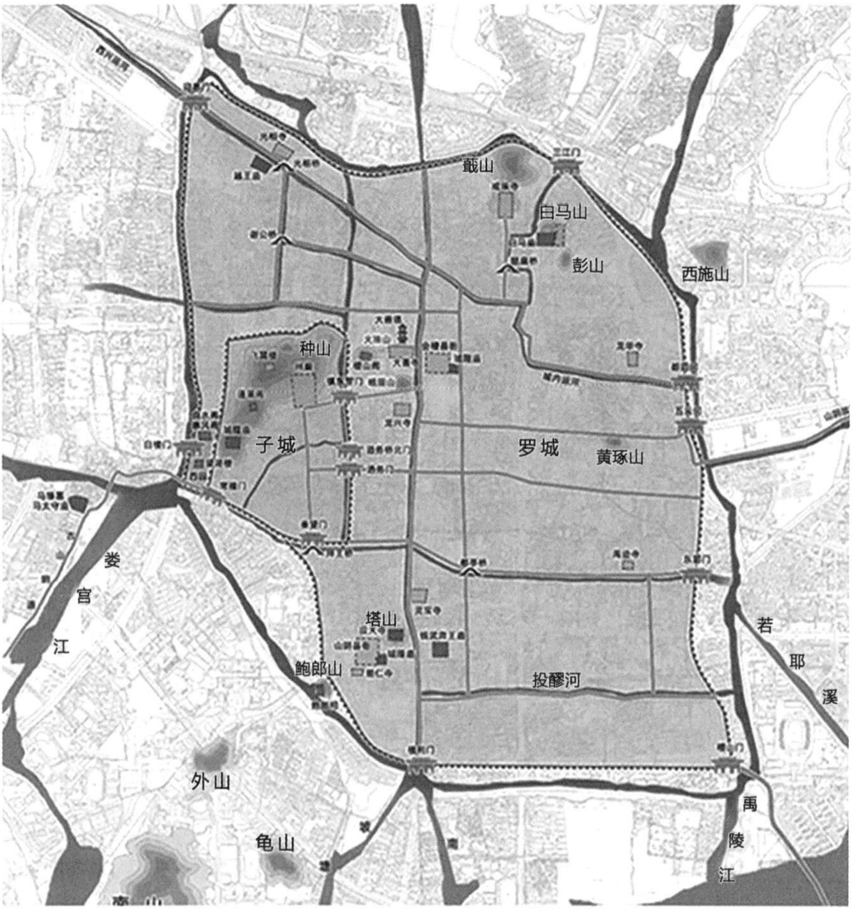

图 2-10　隋唐至北宋时期越州郡城格局

（图片来源：自绘）

“三横”自北向南为鲁迅路河、投醪河、南环城河，为后续塔山片区水网奠定了基本格局。

（4）南宋至元代（1127—1368）：广置厢坊、奠定格局

南宋时期，绍兴古城格局完全确定，直至民国时期都无较大变化。南宋时期，绍兴作为浙东地区的政治、经济和文化中心，国家曾先后多次对绍兴城郭展开修缮活动。嘉定十四年到十七年（1221—1224），知府汪纲大规模修建绍兴府城，会合罗城与子城，俗称宋城。修缮了罗城和水陆城门，对城内道路、河渠、桥梁等都作了新的规划和全面整治。塔山片区所在城南区域，广泛实行市场、店铺、民居交织分布的综合性坊巷格局，市井生活气息浓郁。该时期绍兴的厢坊街区格局、厢坊建置、街衢布局、河渠分布等大体定型，直至民国时期都没有大的变化。

元代承袭宋代城市形态，人口只相当于南宋中期绍兴府的一半左右，古城形态仍延续两宋城市格局，塔山片区所在古城南部形态也并无较大变化。

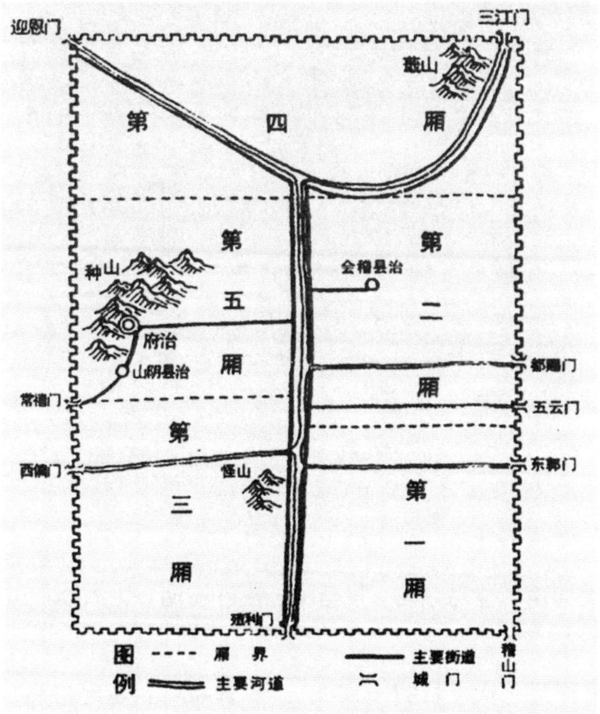

图 2-11　南宋绍兴城厢坊示意图

（图片来源：尹达等主编《纪念顾颉刚学术论文集》，巴蜀书社，1990 年）

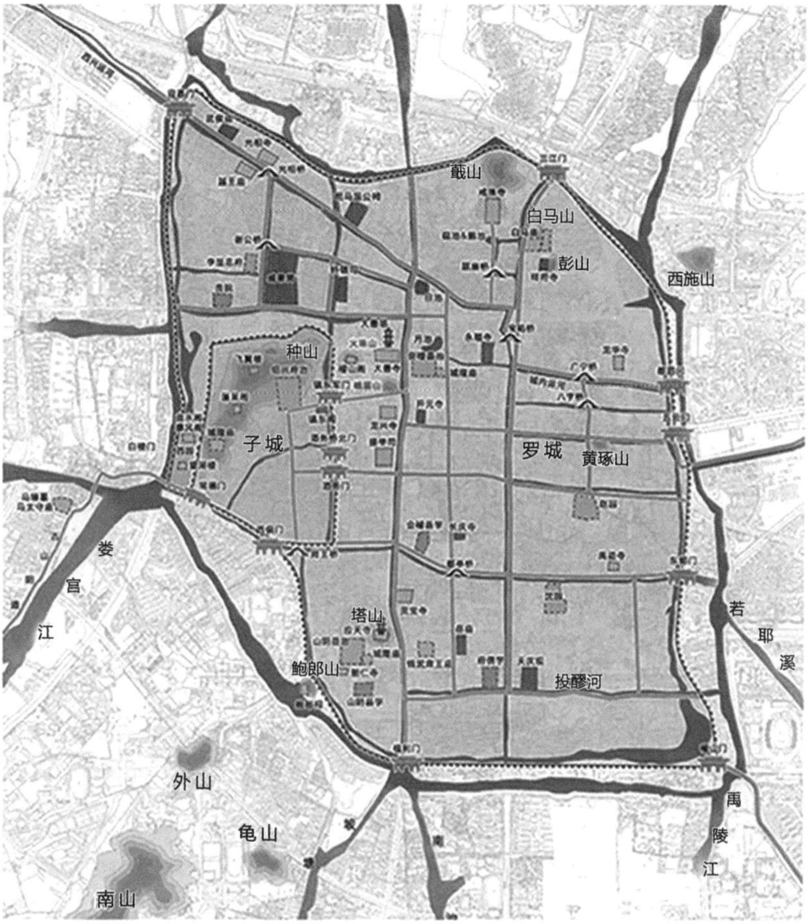

图 2-12　南宋至元代时期绍兴府城格局

（图片来源：自绘）

（5）明清时期（1368—1911）：粉墙黛瓦、枕河人家

明清时期的绍兴古城，其格局主要继承了南宋时期奠定的城市格局，仅在此基础上进行局部功能调整和建设。明代绍兴知府戴琥、南大吉、汤绍恩等都在绍兴进行了水利建设，万历年间，府河以东的南北向河流已废，塔山片区所在城南区域的府河成为城内最主要的河流，担负起沟通区域南北交通的重要职能。

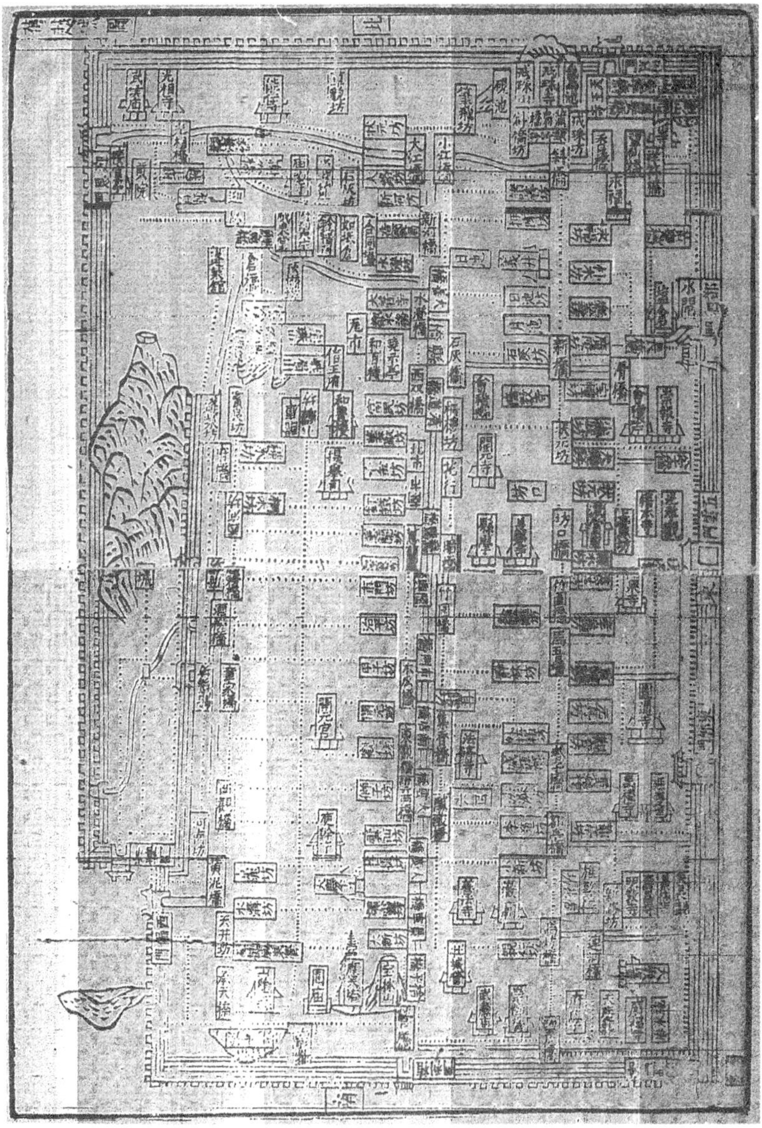

图 2-13　明万历绍兴府城

［图片来源：（明）萧良干等修《万历绍兴府志》，1587 年］

清初主要是重视维护、加强管理，并改进前代的城市建设。康熙时期，子城已废，但府河以西、府山一带仍然是政治功能集中的地方，城的西南有校场，府学在会稽县东南。光绪时期，城内府山及县西桥一带为府署县衙分布区；城南塔山一带地势高，主要是士绅居住以及官府驻地；城市北部地势低，河网密集，为商业集中之地；城市东北部，街河狭窄，设有大量手工作坊，古城的政治中心仍在府河以西、府山一带，而塔山片区所在城南区域则为士绅居住中心。

图 2-14　清绍兴府城衢路图

（图片来源：屠剑虹编著《绍兴历史地图考释》，中华书局，2013 年）

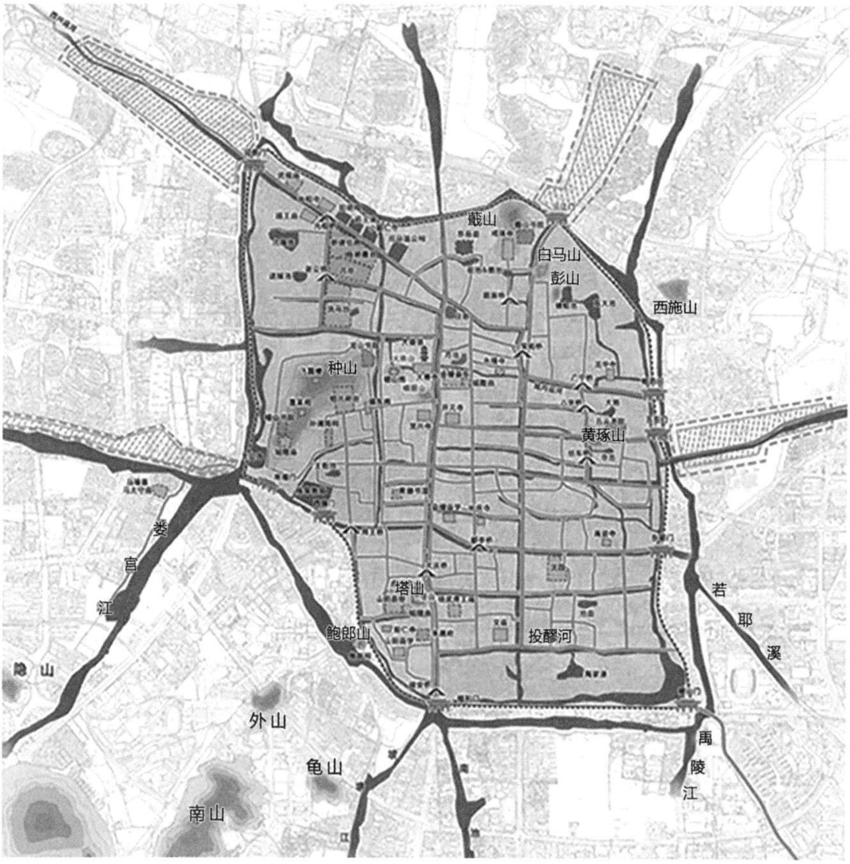

图 2-15　明清时期绍兴府城格局

（图片来源：自绘）

（6）民国时期（1912—1949）：打破城墙、工商繁荣

该阶段城市格局变化较小，最主要的变化是城墙拆除，道路网络发展。民国时，山阴、会稽两县合并为绍兴县，因城墙渐颓以及修建公路等，城墙陆续拆除。民国二十七年（1938），为抗战拆除全部城墙。城区内道路、河网、桥梁基本保持清代风貌，市中心以大、小江桥以及清道桥为枢纽，沿解放路呈线状布局的形态。塔山片区所在城南区域仍为居民聚集地，片区功能较前一阶段变化不大。

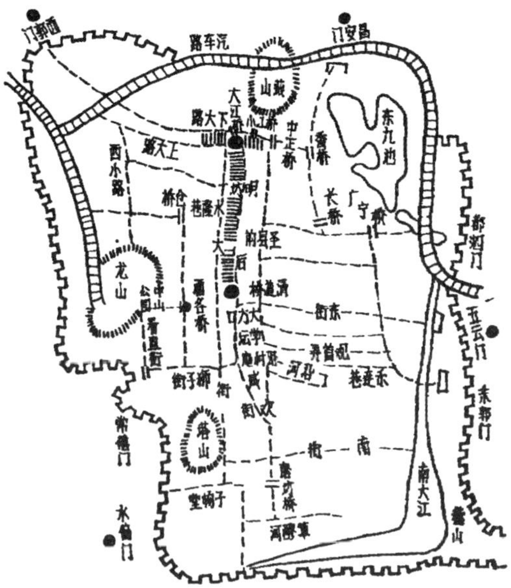

图 2-16　民国时期绍兴市公建分布图

［图片来源：吴明伟、柯建民、刘博敏《绍兴市中心规划研究》，《城市规划》1984（02）：24-32+64 页］

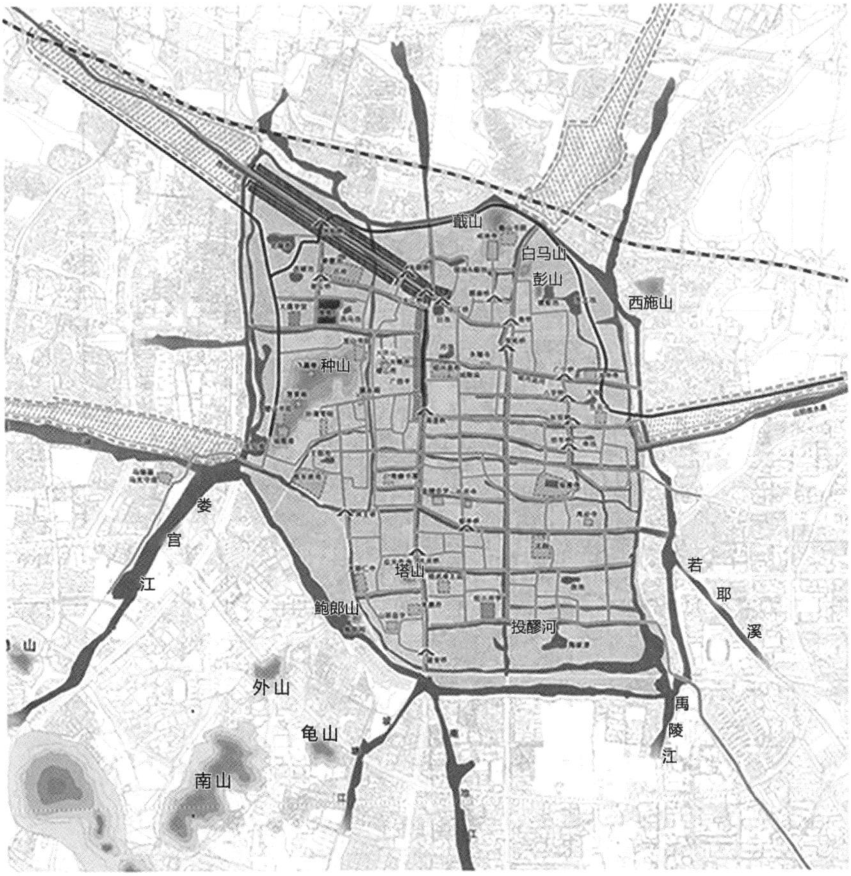

图 2-17　民国时期绍兴古城格局

（图片来源：自绘）

（7）中华人民共和国成立后（1949 年至今）：填河筑路、全面拓展

中华人民共和国成立后，为振兴经济、改善民生，城市发展主要采取“填河筑路”措施，对古城水网和路网格局产生极大影响。20 世纪 50 至 60 年代，先后填埋 15 条河道，改筑成胜利路、人民路、鲁迅路等道路。70 年代末填玉带河为路，将府河北段改成暗沟。后因传统的河道网络遭到严重破坏，1980 年，政府决定在老城边新建南门、偏门两座翻水站，结束了绍兴古城填河的历史。同样，“填河筑路”政策也成为影响塔山片区所在城南区域空间格局最大的因素，到 80 年代，塔山片区仅存 14 条河道，塔山片区内偏门直街、人民路、后观巷、前观巷、鲁迅路、和畅堂 6 条河流均为满足建设而填平成路，整体形成“三纵、四横、二环、二池”的水网格局。

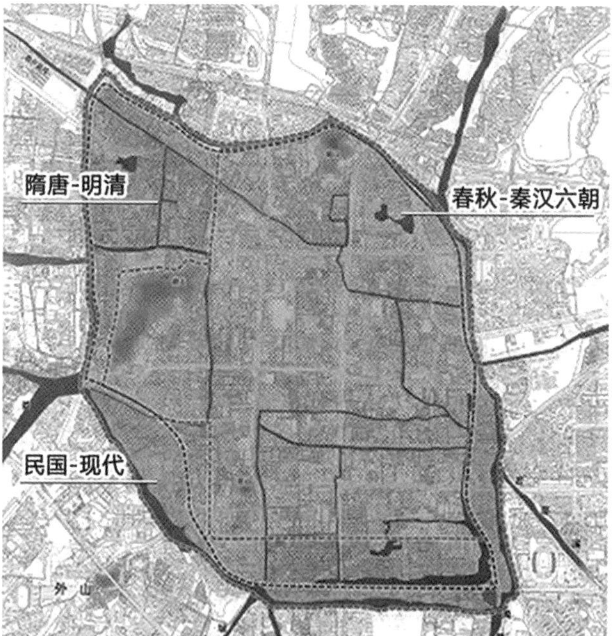

图 2-18　绍兴古城历史城区城址变迁示意图

（图片来源：自绘）

“填河筑路”的过程虽然一定程度上破坏了绍兴传统的水网格局，但却使得绍兴古城路网从原有的鱼骨状道路路网转变为井字形道路路网，城市道路网络格局更加完善，交通拥堵压力得到很大缓解。

二、整 体 格 局

1. 山水环境格局

（1）山体环境

绍兴市总体地势南高北低，南部为低山丘陵，中部为水网平原，北部为滨海海涂，绍兴古城属于中部水网平原地形，海拔在 5 米左右，古城以著名的“三山”（府山、塔山、蕺山）作为标志性地点，构成了绍兴一道独特的风景线。“三山”历史悠久，《越中杂识》、《越绝书》、嘉泰《会稽志》均有记载。府山又名种山、重山、卧龙山，在绍兴城西，是城内最高的一座山，山势东北—西南走向，海拔 75.3 米。越时筑飞翼楼于其巅；蕺山位于绍兴古城北侧，海拔 56.3 米；塔山又名怪山、龟山、飞来山、宝林山，在绍兴城西南隅、城南塔山片区西部，海拔 33.2 米。

吴越时期，越王勾践曾在塔山上建造了一座四十六丈五尺二寸高的观象台，时称“怪游台”。该观象台是用来仰望天气和观察天空不明现象的，因此这座怪游台也被称为我国历史上记载最早的气象台和天文台之一。怪游台又名灵台、观台，越王勾践每逢出兵或决定大事前，都要在灵台上用火烧炙龟甲，视其裂纹以卜吉凶。《越绝书》卷第八载：“龟山者，句践起怪游台也，东南司马门，因以照龟。又仰望天气，观天怪也。高四十六丈五尺二寸，周五百三十二步。”这也是文献有记载的越国最高的建筑。

（2）水系格局

从大禹治水到勾践筑城，从围筑鉴湖、沟通运河再到筑三江闸，绍兴的城市史也是一部悠久的理水史。早在春秋时期范蠡受命筑勾践小城进行选址时，便为绍兴古城内的河道水系特征奠定了基础。春秋时期绍兴对外水上通道主要有五条：由西向东的山阴故水道，由东向西的内河航路，由南向北的海上航路，由西向东的海上航路以及由南向北的内河航路。越国都城大越建立后，开始进行山会平原的水利建设。

东汉会稽太守马臻围筑鉴湖，使湖水穿城而过，确保了城内河道的活水源头，满足防洪、航运、供水的需要。鉴湖形成之后，开始整理内河网、修筑沿海海塘。绍兴的水利治理大体以隋唐为界，隋唐以前主要以拦蓄为主，偏重于利用洼地兴建湖陂以抗洪抗旱，至隋唐时期奠定了绍兴水城格局的基础；隋唐以后转向侧重于疏治平原河网、建立海塘防御。

唐宋时期，浙东运河修筑完成，形成西至钱塘江、东抵曹娥江、穿越州城的水路格局，古城内也已形成街随河走、河随街流的“一街一河”“一河两街”及“有河无街”的街河布局。此后经过历代水利建设与河道疏浚，至万历年间，绍兴古城内府河以东的南北向河流已废，府河成为城内最主要的河流。明清时期，因绍兴府城河网格局业已成形，历任知府多基于已成形的古城河网开展疏浚治理，进而使河网更加完善。至光绪十八年（1892），城内有河道 33 条，总长约 60 公里。石桥 229 座，大小湖池 27 处，总面积约 35 公顷，城内河网结构完备、自成体系，形成城内以南北向府河为中心，接与稽山河、府河、环山河相交的东西河道的水网格局。

在早期绍兴城市建设发展过程中，礼制思想和《管子》“因天材就地利”的城市营建思想始终贯穿其中，最终形成以河流为骨架，街坊临河、宅邸傍水的城市空间格局，成为“三山万户巷盘曲，百桥千街水纵横”的江南水乡城市。中华人民共和国成立后，国家为大力发展经济、改善城市交通、提高市民生活质量，采取“填河筑路”政策。20 世纪

80 至 90 年代绍兴古城仅存 17 条河道，整体形成“三纵、二环、六线、八池”的河湖水系格局。

表 2-2　1983 年绍兴古城内河流信息表

序号	尚存河流	位　　置	长度	备　注
1-3	上大路河—萧山街河—蕺山河	东西向，位于城北	3 600 米	城北主要航道
4	府河	贯穿城中部南北	1 250 米	旧时山阴、会稽两县界河，现仅存南段，北段部分为暗渠
5	西小河	南起鲤鱼桥，北至北海桥	700 米	/
6	都昌坊河	西起府河大运桥，东至东郭门	1 500 米	/
7	咸欢河	与都昌坊河平行	600 米	府河至塔子桥称西咸欢河，塔子桥以东称东咸欢河
8	投醪河	西至府河鲍家桥，东至金刚庙前河	500 米	/
9	环山河	西起鉴湖泵站，至府山桥出城	3 200 米	城西主干河道
10	稽山河	南起东郭门，汇入萧山街河	2 300 米	城东主干河道
11	都泗河	西起广宁桥，东至都泗门	600 米	/
12	缪家桥河	西起安定桥，与稽山河相连	800 米	/
13	汲水弄河	南起延安路莲荷桥，北接都昌坊河	320 米	/
14	金刚庙河	南起南环城河，东至东郭门	800 米	/
15	罗门畈河	西起罗门畈，东至东郭门	800 米	/
16	南环城内河	西起府河，东至稽山门	1 800 米	/
17	东环城内河	南起稽山门，北至东郭门	1 400 米	/

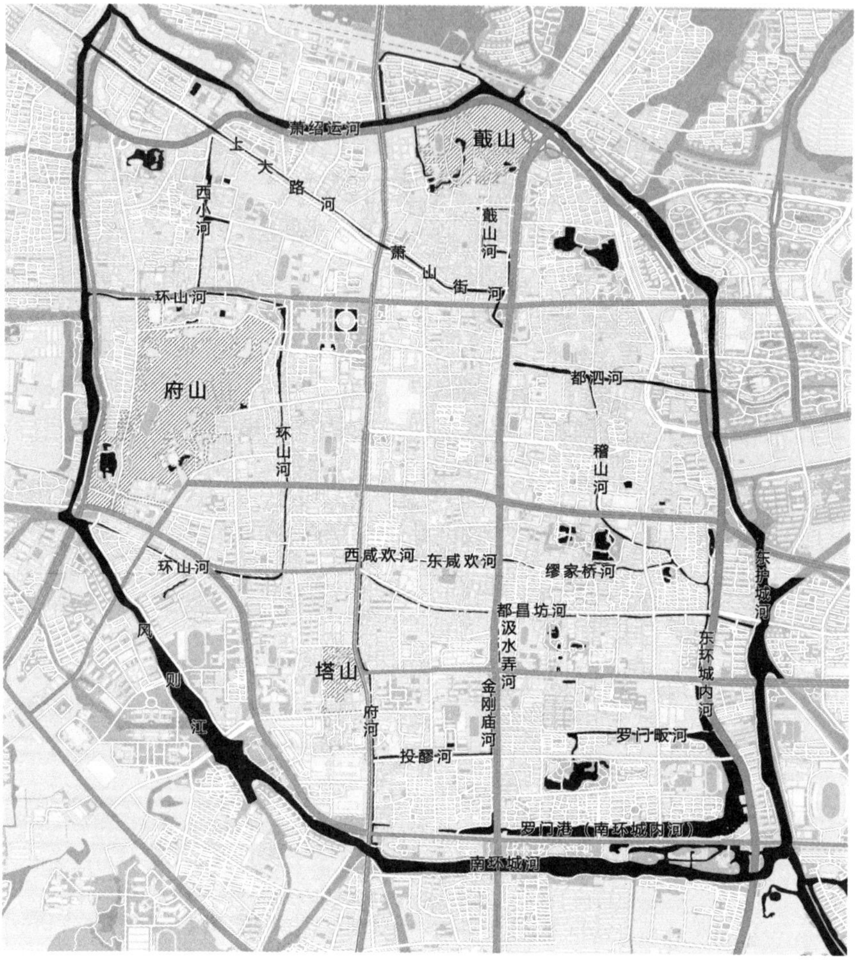

图 2-19　绍兴古城山水环境格局现状图

（图片来源：自绘）

2. 道路格局

自春秋时期范蠡选址建造越国都城以来，绍兴历经了长达 14 个世纪的以南北向府河为界划分山阴、会稽两县，分县而治的行政体制。分县而治的历史背景，加之城内大量河道水系的自然分割作用，使得绍兴古城内形成明显的以府河为界的道路结构，进而发展成为鱼骨状道路网络格局，即以府河为鱼骨中轴，东西两侧分布数条次级断头路，形成多处丁字路口。城市中多处断头路使得绍兴城市交通十分不畅，加之明清时期道路多建有牌坊，导致可通行的道路空间更加所剩无几，因此道路拥挤情况频发。民国时期，绍兴城内街道基本保持清代风貌，虽然在民国十一年（1922）新建环城北路沟通东西向交通，后陆续修筑水澄桥至古贡院前（今胜利路一段）、轩亭口至泰清里（今府横街一段）、萧山街3条碎石马路，但是以府河为界的鱼骨状道路网络结构一直延续到改革开放后才有所改变。

1949年5月，绍兴城解放，当时绍兴城区有沥青路2 927米，面积17 032平方米。沥青路主要有大江桥至清道桥段1 000米，面积4 800平方米；上大路900米，面积5 400平方米；萧山街大江桥至探花桥段530米，面积2 050平方米；等等。碎石路有汤公路（今东街至五云）、秋瑾路（今府横街）、范蠡路之司段（今胜利路红旗路口至环城西路）。石板马路有子余路（今光明路）、偏门（今环城西路）等。其余均为石板路或泥路。

1950至1978年间，绍兴城区道路除维护整修外，以改善路面结构、增设下水道、相应扩大路幅为主。随着城市社会经济发展，为满足城区交通便利的需求，绍兴城内“街河相依，一河一街、一河二街、一河无街”的水陆布局发生改变，主要表现为填河筑路、扩大路幅。1954—1964年十年间，绍兴城区内人民路、劳动路、前观巷、后观巷、延安路等多条东西向河段填平筑路；1965—1972年间填河筑路进程有所放缓，未填筑绍兴城区河道；1973—1979年间，南北向的府河大江桥至咸欢河段被改为暗渠，城北南北向昌安街河和城西东西向的山阴县河填河筑路。至1978年，城区实有道路50公里，面积27万平方米。其中，沥青路面24公里，面积16.6万平方米；碎石路15.3公里，面积9.3万平方米。三十年间，绍兴城区先后改建、扩建、新建道路61条，其中填河筑路、扩大路幅的有和畅堂路、延安路、狮子

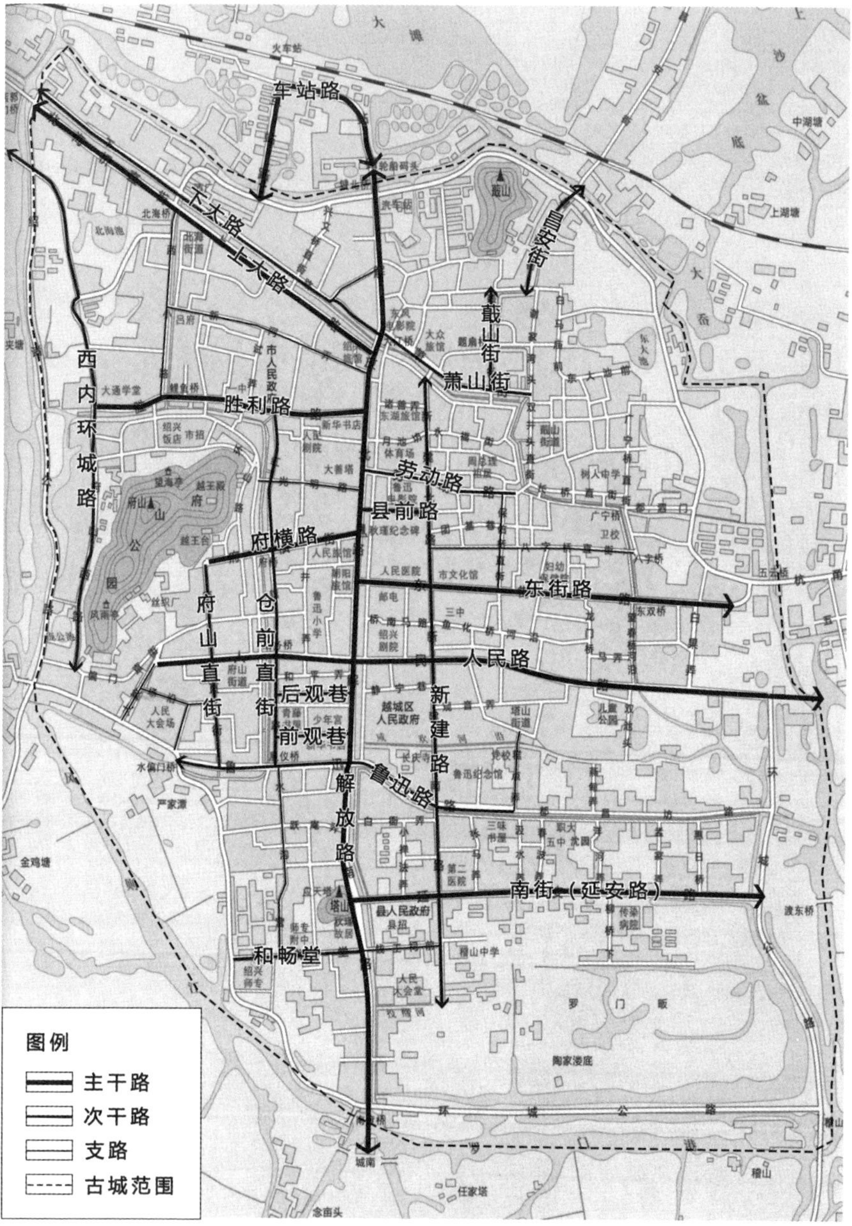

图 2-20　20 世纪 90 年代前绍兴古城道路格局图

（图片来源：自绘，底图来自绍兴市自然资源和规划局等《绍兴城市地图集》，中国地图出版社，2020 年）

街、前观巷、后观巷、人民路、偏门直街、鱼化桥河沿、八字桥直街、清风里、劳动路、水澄巷、新河弄、营桥河沿、武勋坊、北海路、昌安街等 17 条。虽然这 30 年里，绍兴基于填河筑路政策新建多处道路，但新建或拓宽的道路大多为东西向，南北向道路较少，鱼骨状的道路格局仍未改变。

“填河筑路”虽然在短期内改善了交通，但也带来了诸如河网水流不畅、污水直排导致水质下降等一系列城市问题，严重影响了居民的生产生活。20 世纪 80 年代，绍兴市政府开始重视内河的保护和治理，以恢复和保持绍兴作为江南水乡的水陆格局特色。绍兴市政府在加强小街小巷改造和一河一街、一河二街特色道路维修保护的同时，绍兴城区先后拓宽解放南北路；打通人民路西段，沟通东西交通；拓宽胜利路，开辟沿河绿化带；局部拓宽延安路，打通部分堵头卡口，新建具有水乡特色的星朗桥沿河商业步行街，改造东南西北 4 条环城路。但总体来说，绍兴城区路网体系仍延续过去明显的鱼骨状格局，即以府河为鱼骨中轴，东西两侧分布数条东西向断头路。绍兴城区南北向道路数量少，主要道路中，仅有解放路为南北向道路；次要道路中仅有新建路、仓前直街、西城内环路为南北向道路，且多靠近古城中部，古城两侧南北基本交通联系偏少。东西向道路则存在大量丁字路口。鱼骨状的道路格局造成古城东西两部分交通不畅，进而使城区难以向东西扩展，城市发展十分受限。

自 20 世纪 80 年代开始重视内河的保护和治理并结束填河筑路历史以来，绍兴市政府转变道路建设思路，开始着手调整路网结构、改善城区交通，对内扩大路幅、改造路面，对外敞开城门、密切城乡联系。90 年代，绍兴城区路网体系发生突破性变化（图 2－21），路网结构由鱼骨状发展为井字型结构。这一转变主要得益于南北向中兴路的建造和东西向人民路和胜利路的延伸。城区的井字型路网结构由南北向的解放路、东方路和东西向的人民路、胜利路构成。井字型路网结构的道路间距也更符合现代城市交通发展需求，适合城市规模扩张的需求。此外，

90 年代绍兴古城内环城道路被不断梳理完善，从而能更好地与新区衔接。与 80 年代相比，环城道路整体拓宽，升级为城市的主要道路。古城内次要道路被拓宽打通，如投醪路、鲁迅路、下大路等。至此，绍兴城内以东西向胜利路、人民路、鲁迅路、延安路，南北向解放路、中兴路为主干道，外加环城公路的内井外环并与城东经济开发区和城南开发小区相沟通的路网结构已经形成。1997 年，绍兴建成区（含经济开发

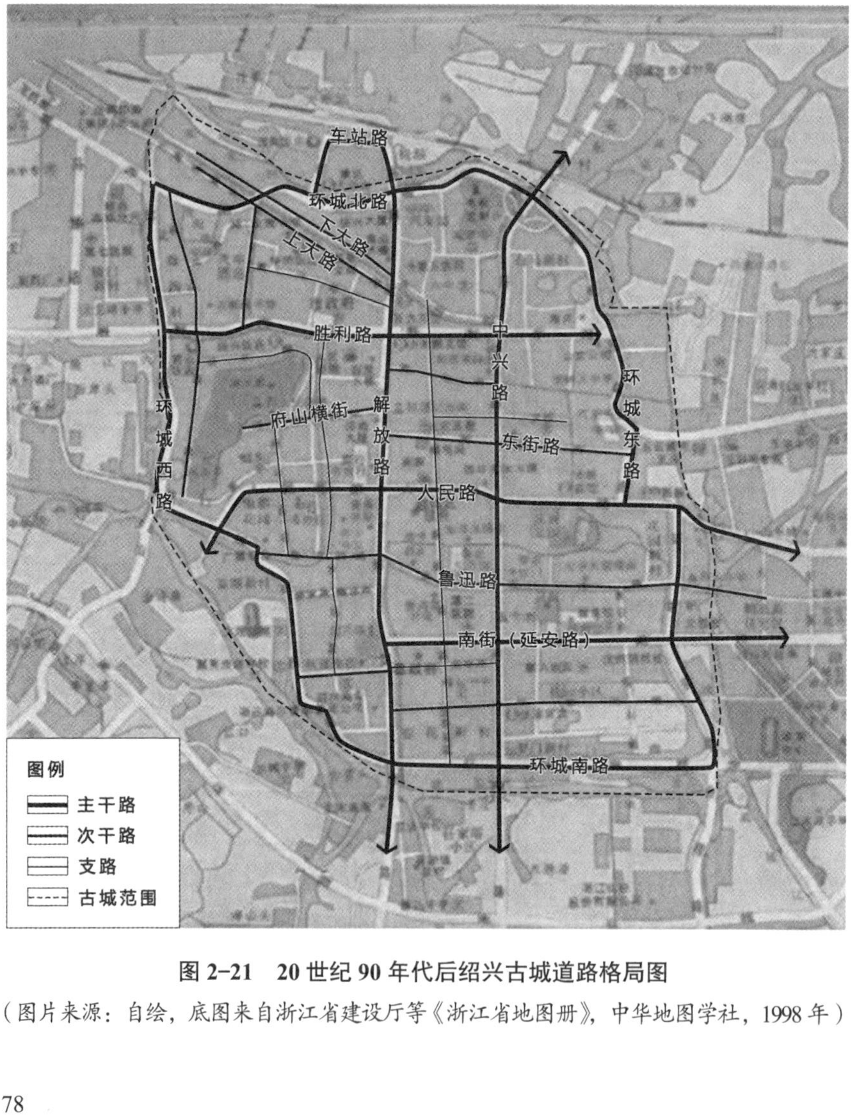

图 2-21　20 世纪 90 年代后绍兴古城道路格局图

（图片来源：自绘，底图来自浙江省建设厅等《浙江省地图册》，中华地图学社，1998 年）

区和开发小区）内共有道路590余条，总长250余公里，面积130万平方米。其中旧城区内被列入文物保护区的石板路17条，总长3 230米，面积1.01万平方米。

3. 地下空间人防工程体系格局

1969年10月，根据毛主席向全国发出的“备战、备荒、为人民”的号召，绍兴地区成立防空领导小组，下设防空办公室（常设机构），受地方政府和军事部门双重领导。绍兴县人防委员会召开人防工作会议，部署开展人民防空工作，确定古城内府山、塔山、蕺山三座山为修建防空洞的天然佳地。与此同时，迅速建立“三山”人防工程建设组织，府山人防工程、塔山人防工程和蕺山人防工程于1969年底同时动工。

1971年7月，绍兴被确定为全国重点人防城镇之一。同年年底，在全体施工者的努力下，“三山”防空洞雏形基本形成，绍兴人防工程就此完成奠基。1972年，国际形势发生改变，毛主席发出“深挖洞，广积粮、不称霸”的号召，一时间举国上下展开了一场声势更为浩大的“深挖洞”运动，绍兴积极响应号召，开展深层人防工事的挖掘。充分利用天然地形，以“三山”坑道为骨干，通过地下通道相连接，打造能打能防、能疏散的地下防空体系。1975年下半年，全国开展人防大检查，绍兴茶厂工程由于建设进度快、质量好，成绩名列前茅，受到南京军区、省领导的好评。1976年，绍兴茶厂获得全国人防先进单位表彰。1978年10月，在第三次全国人民防空会议上，绍兴被授予“全国人民防空战备先进城市”称号。

经过长期的整体深挖工程，20世纪80年代，绍兴布局完成以“三山”为依托，沟通四周工矿、机关、学校等单位工事的“三山三片”军事防御体系。

三、历史建成环境要素

1. 山体

（1）塔山

塔山位于绍兴古城西南部，又名怪山、飞来山、宝林山、龟山，海拔高度 33.2 米，与蕺山、府山鼎足而立，一同构成“三山万户巷盘曲”的独特城市景观。传说此山从琅琊东武海中飞来，据《吴越春秋》记载，范蠡所筑之城既成，“琅琊东武海中山一夕自来，故名怪山”，因此而得名怪山和飞来山。越王勾践曾在山上筑游台，以观天象。汉代时，因山上有龟公冢，远望山形似龟状，人称“龟山”。晋末，沙门昙

图 2-22　塔山及应天塔

（图片来源：自摄）

彦与许询于山巅建造应天塔，塔山一名便由此而来。南朝宋元徽元年（473），惠基法师在山下建造宝林寺（后改名应天寺）。

（2）应天塔

应天塔位于塔山之巅，现存为明代建筑，占地面积109平方米。塔为六面七层楼阁式结构，砖砌塔身，木质斗拱。塔身由柱额、斗拱、塔檐组成，底层六面各设壶门，以上各层变换方向，相对开设二门，其余为佛龛。登塔楼梯设于第一层北侧外壁，东、西两面相向而上，从二层塔壁北壶门进入塔门。菱角牙子砖叠涩圆形穹隆塔顶，塔刹由覆盆、鼓座、仰莲等29件铁配件组成，其中覆盆为明嘉靖十三年（1534）原物，并有2方线刻菩萨像，19幅砖刻题记。应天塔形态优美、结构坚固，保存了一些明代实物，具有很高的历史、艺术价值。1961年公布为绍兴县文物保护单位。由于年代久远、雨水浸蚀，建筑石构件略有风化，1984年已重修。

2. 河湖水系

绍兴历史城区总体形成了“三纵、二环、六线、八池”的河湖水系，包括现存18条（含护城河）、全长32.2公里的河道。

“三纵”即府河、金刚庙前河—汲水弄河、东环城内河。“二环”包括历史文化精粹水环和环城河景观外环。历史文化精粹水环包括城区内环形河道（西小河—环山河—观巷河—咸欢河—缪家桥河—稽山河—萧山街河—上大路河），护城河景观外环即护城河（横河、北护城河、东护城河、淡江、风则江）。“六线”即鲁迅路河、蕺山河、投醪河—罗门港、都泗河、环山河南段、南环城内河。“八池”即北海池、东大池、蜻蜓池、石家池、寺池、乌山塘、庞公池和儿童公园内双池。

塔山片区内涉及的历史水系主要有护城河、投醪河、鲁迅路河、稽山河、府河、东咸欢河、金刚庙河、驸马池、乌山塘等。

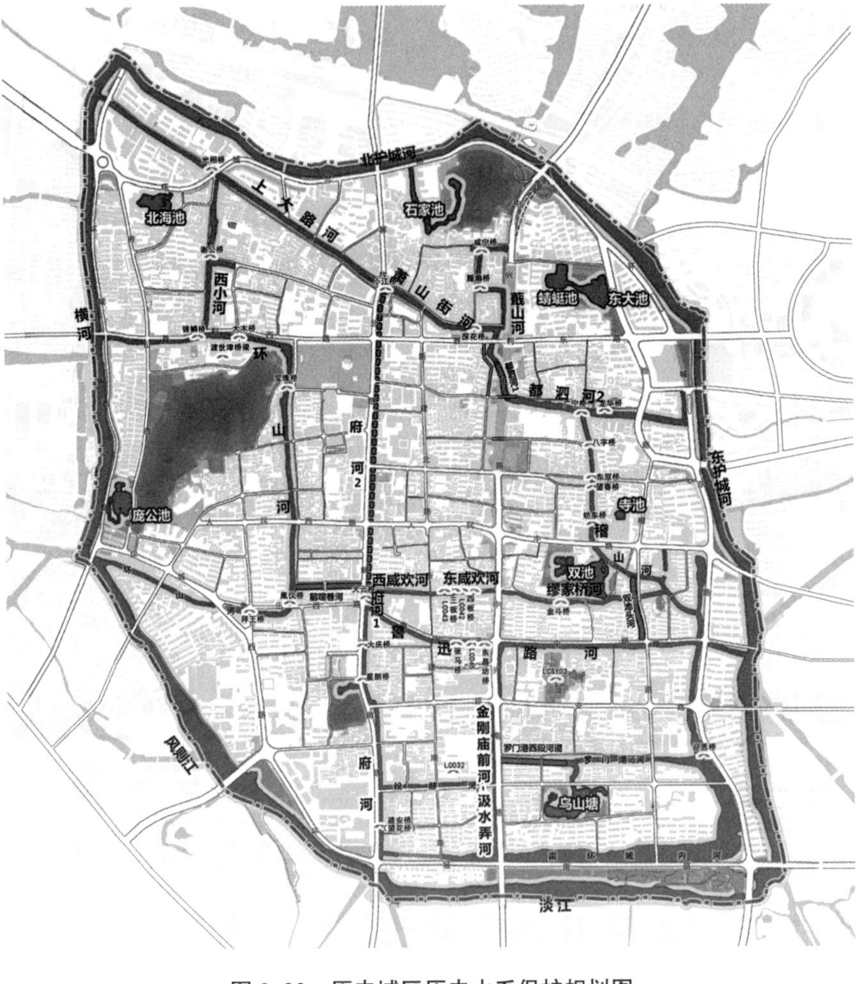

图 2–23　历史城区历史水系保护规划图

（图片来源：绍兴市国土空间规划研究院、上海同济城市规划设计研究院、上海杨浦同济科技园有限公司《绍兴历史文化名城保护规划（2021—2035 年）》，2024 年）

（1）护城河

历史城区护城河总长约 12 公里，由北宋皇祐年间开凿的护城壕发展而来。在 20 世纪 80 年代曾进行过疏浚。1999 至 2001 年又进行了全面综合整治，大规模疏浚航道，并对两岸进行砌坎，增加岸上绿地，使之成为景观航道。现水面宽度 20—40 米，平均水深约 2.5 米。护城河依据其在古城的相对位置，又有风则江、淡江等不同的称谓。

（2）投醪河

投醪河东起鲍家桥，西至稽山中学，东西长530米，宽约7米，流经钱王祠前地块南侧，至今保存完好。公元前473年，越王勾践出师伐吴雪耻，三军将士出发之时，当地越国父老敬献壶浆，祝越王旗开得胜，因酒少人多，越王把酒倒入河中，让将士们畅饮沾酒之水，因此得名“投醪河”。

图2-24　投醪河

（图片来源：自摄）

（3）鲁迅路河

东起新惠日桥，西至解放路，东西长1 340米，宽3—6米，位于鲁迅中路南侧，流经十三亩头地块北侧孟家桥。

（4）稽山河

稽山河位于八字桥历史文化街区，南承鉴湖水，北接古运河，全长约1 500米，宽5—8米，流经草籽田头地块南侧。

（5）府河

绍兴府河南起环城南河，北至西咸欢河，宽4—8米，流经蔡家园地块西侧，是我国为数不多同城而治的界河，城内的水网以府河为南北中轴，其他河流都呈现出与之垂直的东西分布形态，一条府河将绍兴分为山阴和会稽，即“山阴不管，会稽不收”所说的两片区域。

（6）东咸欢河

东起稽山路与藕芽池底地块，西至中兴南路，总长840米，宽3—7米，沿河一带居住着原塔山村第一生产队村民。

图2-25　东咸欢河

（图片来源：自摄）

（7）金刚庙河

在望花畈投醪河东边，自南向北。现因中兴南路拓宽被填小，仅稽山中学东侧留有一段宽约4米的狭长河道。

（8）驸马池

为南宋王希吕宅遗迹。王希吕，字仲行，南宋孝宗朝名臣，以直言敢行著称，两次出知绍兴府，最后以吏部尚书致仕。王希吕宅在绍兴府城内规制宏大，据文史专家屠剑虹考证，王宅东至稽山河，南至孟家桥，西至燕甸弄，北含今儿童公园。王希吕五世孙尚宋理宗公主，时人称之为王驸马，因王驸马居住于当时王宅西厢，留下驸马桥、驸马池等历史遗迹，今驸马池仅存一方 190 平方米的水池，记载着王希吕一族曾经钟鸣鼎食的富贵荣华。

图 2-26　驸马池

（图片来源：自摄）

（9）罗门港

东起稽山门，西止直利门，全长 1 400 米，东宽西窄，江水清澈，历来是罗门畈农民养鱼、种大菱（罗纹菱）的绝佳之处，历史上曾经作为护城内壕发挥过作用。

（10）罗门河

历史上的罗门，为绍兴府城十座城门之一，罗门河是罗门港（又称南大江）的支流，旧时从迎恩桥一直向西延伸至金刚庙河，现西段已湮塞，南侧于罗门公园内与乌山塘连通。

（11）**南街河**

延安路旧称南街，南街河为延安路南侧与道路平行的河流，东起护城河，西至塔山舍子桥。历史上，南街是绍兴一条大道，城内一半大户人家都居住在南街，坐北朝南的台门鳞次栉比，门前平坦的石板路比较宽敞，便于车马通行。南街河沿边有许多早期建筑及人文景观，如“大树下”千年古樟、柳墩、沈园、小包殿及“越光中学”、福康医院等。现南街河已湮废，仅遗留一段河道，称曲池。

3. 园林绿地

（1）**赵园**

位于城区人民路会源桥西端，藕芽池底地块西侧，初为王希吕宅院。清朝乾隆年间，会稽人赵焯于宅院旧址修建私家花园，后其子赵错将其扩建至20余亩，园内有晴翠楼、花蹊、听跃桥、柳矶、荷池、月

图 2–27　赵园
（图片来源：自摄）

台、天香居、竹坡、桐廊、秀野亭、松涛轩、梅屿，称为“省园十二景”，为当时越城胜景之最。咸丰年间，园中建筑悉数被毁。1932 年，越中绅士金汤侯从赵氏后裔处购得此园，重加修葺，再现小堤、幽径、荷池、曲桥、假山等胜景。中华人民共和国成立后，金汤侯将园林捐献给国家，即现在的绍兴儿童公园。

（2）罗门公园

位于投醪河路，陶家溇底地块东侧，占地约 5.8 万平方米。公园依托“乌山塘”水体，整合原有地形，配置亭、台、楼、阁、桥、园林小品和花草树木，是一个兼具绍兴特色和现代功能的高品位社区级公园。

图 2-28　罗门公园

（图片来源：自摄）

（3）稽山公园

稽山公园滨水而建，设计中将鲁迅笔下绍兴古镇的风貌在这里重现，各种民居和桥的运用使内容丰富多彩。特别值得一提的是，公园中的桥样式各异，堪称“小桥流水人家”的重要组成部分。

（4）千年古香樟树

位于绍兴市越城区延安路（旧称“南街”）的“大树下”，属国家一级古木，冠幅 14 米，干径 4.2 米，树龄达 1 040 多年，是绍兴城区唯一一棵千年古树。树干早已被虫蚁蛀空，只剩大半边，历经千百年的雪压雷劈，树身已向北倾 40 度左右，如今依靠人工修建铁架支柱支撑其庞大身躯。

第三章

塔山片区地面历史建（构）筑物资源

一、塔山片区的建设发展

1. 塔山村落的起源

塔山村落的历史最早可追溯到越王勾践时代。据《吴越春秋》载："句践领功于灵汜。"当时越国被吴国打败后，勾践入吴为奴，吴王夫差有感其三年的"良好表现"，赦免勾践回越，灵汜桥是勾践的受封之地。勾践回国后，卧薪尝胆、励精图治，命范蠡筑城振兴越国，勾践曾在位于塔山片区西隅的塔山上建"怪游台"，用以仰望天气、观察天怪，是我国最早见诸文字的"天文台"。东汉赵晔撰《吴越春秋·句践归国外传》中记载了勾践命范蠡建造小城的情况："于是范蠡乃观天文，拟法于紫宫，筑作小城，周千一百二十三步，一圆三方……城既成而怪山自生者，琅琊东武海中山也。一夕自来，故名怪山"，即后来村域内的塔山（又称"龟山""飞来山"）。

秦始皇三十七年（前 210），"大越"更名为"山阴"。山阴始称于此，属会稽郡。当时，山阴县城郭有"东武里"，即在龟山、飞来山一带已有古村落。"东武里"的记载见于东汉袁康、吴平编纂的《越绝书》："龟山者，句践起怪游台也。东南司马门，因以照龟。又仰望天气，观天怪也。高四十六丈五尺二寸，周五百三十二步，今东武里。一曰怪山，怪山者，往古一夜自来，民怪之，故谓怪山。"

2. 塔山片区形成发展过程

（1）1949 年前的塔山片区

纵观自春秋吴越国至现今的历史时期，塔山片区所在的绍兴城南区域仅有少数贤庙宗祠和零星村落，主要为绍兴古城内的“留白”地，并未作为古城核心统治中心进行政治性建设。至隋唐时期，古城范围得以扩大，建造罗城并规划坊里，塔山片区位于罗城南部。隋开皇年间（581—600），越国公杨素在当年范蠡修建的勾践“小城”和“大城”的基础上扩充，周围加广至二十四里二百五十步，名曰“罗城”。在罗城的东南角设立了“罗门”，后留下塔山片区东部的“罗门坂（畈）”地名。

两宋时期，古城百姓居住形式由里坊制转为厢坊制，塔山片区属第一厢、第二厢和第三厢的一部分。北宋嘉祐中（1056—1063），府学迁址于城南塔山东南侧的投醪河畔，由当时监簿吴孜舍宅改建而成。北宋嘉定十七年（1224），山、会两县城内设5厢、96坊。元明清时期，塔山片区基本延续南宋时奠定的厢坊街区格局，片区内主要是士绅宅第以及官府所在地，府河成为城内最主要的河流，担负起沟通区域南北交通的重要职能。民国时期，绍兴古城城墙陆续遭到拆除，开始修建马路，塔山片区所在城南区域仍为居民集聚地，片区功能变化不大。

（2）1949年后的塔山片区

1）道路建设

中华人民共和国成立后，塔山片区开启了城市化建设进程。20世纪50年代起，为振兴城市经济、改善民生生活，绍兴开始推进规模性“填河筑路”。为满足城市建设的需要，塔山片区内6条河流被填平筑成道路，建成偏门直街、人民路、后观巷、前观巷、鲁迅路以及和畅堂路。

至改革开放前，塔山片区内南北向道路较少，东西向道路多形成丁字路口，导致片区南北交通不畅，且东西道路不连续。南北向仅有解放路作为鱼骨中轴贯穿片区，东西向道路则有人民路和解放路贯穿片区，东西向道路存在大量丁字路口，如填河筑路的后观巷、前观巷、和畅堂路均以“T”型与解放路相接。

表 3–1　中华人民共和国成立至改革开放前塔山片区填河筑路河道

填平河段	筑城道路	起止位置	填筑时间
和畅堂河	和畅堂路	环城西路至解放南路	1952
蕙兰桥东至会源桥河段	人民路东段	蕙兰桥东至会源桥	1954
蕙兰桥西至酒务桥河段	人民路西段	蕙兰桥西至酒务桥	1958
前观巷河	前观巷	仓桥直街至解放南路	1959
后观巷河	后观巷	仓桥直街至解放南路	1965
山阴县河	偏门直街	凤仪桥经莲花桥至庞公池	1976—1977

图 3–1　塔山片区填河筑路河段示意图

（图片来源：自绘）

改革开放以后，绍兴市加强和重视古城历史保护，片区内仅有糕店弄河一条河道为改善片区内南北交通压力而被填埋建成中兴路。道路建设以调整路网结构、改善交通为主：先后分段拓宽解放南北路，北接火车站，南连城南开发小区；打通人民路东西两头，使之东接城东经济开发区，西连环城西路；鲁迅路向两头延伸，东连城东经济开发区，西接环城路；延安路向东伸展，穿越环城路进入城东经济开发区；新辟从昌安门到城南开发小区的中兴路，并在昌安门建造立交桥，跨越浙东运河、萧南铁路和 104 国道公路，连接杭南高速公路的同时拓宽环城公路，打开东、西、南、北大门，建立交通环岛，形成对外交通网络。在延续片区内“三纵、四横、二环、二池”水系格局的同时，形成了东西向以人民路、鲁迅路、延安路为主干道，南北向以解放路、中兴路为主干道，外加环城公路内井外环，与城东经济开发区和城南开发小区相沟通的道路网络结构。

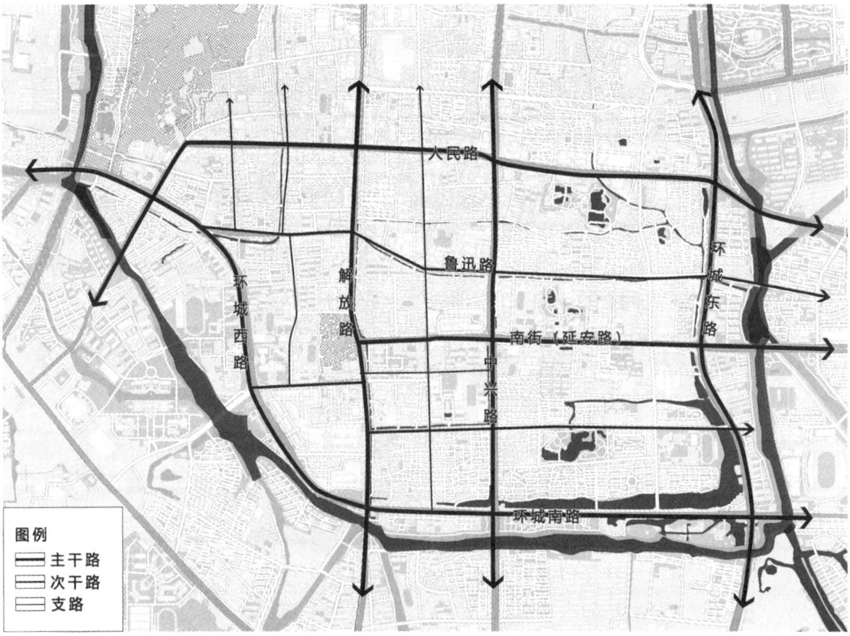

图 3-2　改革开放至今塔山片区水网、道路格局图

（图片来源：自绘）

2）住宅建设

中华人民共和国成立初期，塔山片区（时称塔山农业合作社）的村民分散居住在五云片、东郭片、罗门片、望花片和畅堂片等多个地点，建筑大多为低矮的木结构平屋。20 世纪 70 年代，塔山片区（时称塔山大队）的砖混结构低层建筑逐渐增多，但建筑多使用预制板，结构简单、用料粗糙。

改革开放后，我国市场经济不断蓬勃发展，随着温饱问题的根本解决，村民的住房质量发生了质的提升，住房条件得到明显的改善。部分村民开始将自家的平房和矮屋逐步改建成宽敞的二层、三层水泥预制楼房，局部出现小别墅。如 1984 年为建设社会主义新农村，塔山片区内的陶家溇自然村划拨 50 亩土地建造村民安置房，因建筑质量高且具有典型江南风格，后被省政府确定为农村农民农家建设样板。20 世纪 80 年代，为拓宽延安路，改善城市交通，拆迁了大树下自然村部分村民的住宅，并将其安置在城东鹤池花地块，大部分大树下村民则在 1983 年建造绍兴市图书馆时，被安置在延安路“神州大厦”西首两幢六层楼中。1987 年，塔山片区为妥善提升片区住民的居住条件，决定成立塔山房地产开发公司并由该公司实行集体整片开发，以成本价（每平方米 250 元左右）卖给需要房屋的村民，这是绍兴市首个实行集体整片建造项目的地区，拉开了绍兴市集体开发住宅建筑的序幕。1990 年左右，由于绍兴市儿童公园扩建，征用塔山片区内双池头土地 22 亩，双池头村村民全部搬迁，大部分村民被安置在城东鹤池苑 6 号地块，小部分村民被安置在市博物馆北首。1993 年左右，东郭片为解决部分村民住房困难问题，在孟家弄地块建造了 4 幢二层楼房。

进入 21 世纪，绍兴市为保护传承其丰富的历史文化资源，逐步对塔山片区采取城中村改造和搬迁工程，以提升古城整体风貌，申报世界文化遗产。塔山片区前两期拆迁改造工作分别从 2009 年和 2013 年开始，至 2019 年完成，村民搬迁到东南景园、柳桥下家园等地点，住进了绿化丰富、装有电梯的六层现代楼房。城中村改造工作不仅改善了塔山片区原住民的居住条件，更为重塑绍兴古城历史风貌、展示丰富文化遗产和传承深厚历史文脉作出了重大贡献。

3）公共服务设施建设

供水：绍兴城区向来以河水、井水（潜水）、天落水（雨水）作为生产、生活水源。民国时期，城内虽然有河道 33 条、水池 27 处、水井 700 余口，但河床抬高和污水入侵等因素导致河道水质下降。天旱时，市民饮水仍然十分困难。绍兴的自来水厂始建于 1959 年，塔山片区是绍兴市第一个、浙江省第三个农民生活使用自来水的地区。1961 年 4 月，以新桥江、青甸湖汇合处作为取水口的西郭自来水厂建成供水，日供水可达 6 000 吨。自 1975 年起，塔山片区由集体出资布置自来水管网，经过两三年的建设和努力，自来水管网已基本覆盖塔山片区，片区内居民都能用上清洁干净的自来水。改革开放之前，塔山村村民饮用水主要靠河水、天落水、井水等。改革开放之后，由于乡镇企业的蓬勃发展，城市河道受污染严重以致无法饮用，因此自来水成为塔山片区居民主要的日常用水来源。

电力：自民国元年（1912）开始，绍兴城市电力主要由华光电灯公司供给，该公司属于私营电厂，由绍兴县商人集资在城区营桥小花园创办，进行小区域低压电网供电。但由于电费电价较高等因素，当时绍兴县仅部分大户及商号能用电照明。后因经营不善，华光电灯公司于 1928 年被新组建的绍兴大明电气股份有限公司接管，绍兴大明电气股份有限公司于 1929 年 10 月正式开张营业，成为当时浙江省 5 座主要电厂之一。抗日战争时期，因电力设备遭到严重破坏损毁，直到解放初期，绍兴市城郊和农村普遍没有电力供应。中华人民共和国成立后，绍兴经济百废待兴，国家实施新民主主义经济政策，允许多种所有制经济并存，推动恢复国民经济。在此背景下，1953 年 12 月，私营的绍兴大明电气股份有限公司实行公私合营，但供电范围仅限绍兴老城区 8 平方公里范围内，只有 3 台柴油发电机和两条 2.3 千伏高压供电线路。当时的绍兴市民大多使用煤油灯和菜油灯照明，只有少数人家和重要单位用电照明。直到 20 世纪 60 年代初，塔山城区供电能力得到显著提升，塔山片区村民已全部用上电灯，实现“点灯不用油”的愿望，是绍兴最早全村用上电灯的片区之一。此外，塔山片区还是绍兴集体安装电力变压器最多的地区，先后在 6 个地点安装了 7 处供电调压设备，分别是安装在外山三亩和食堂的 2 台 50 kV 农用变压器；张家桥 400 kV 配电房 1 座；东郭门头砖瓦厂地块 630 kV 高配电房 1 座；陶家溇 400 kV 民用配电房 1 座；“神州大厦”400 kV 配电房 1 座；“满天红”服饰市场 400 kV 配电房 1 座。

邮电：绍兴市邮电事业起步较早，其发展历史与中国邮电事业的整体发展趋势一致，经历了从起步到快速发展的过程，而塔山片区早在清末民初就已通邮电服务。清光绪二十六年（1900），绍兴府内地邮政局正式开办，当时有一名信差徒步送信。民国期间，绍兴市邮政局基本采用平、挂、快混合投递，信差送信方式主要为步行和自行车。中华人民共和国成立后至改革开放前，绍兴邮电事业延续民国期间运营方式，城区投递分东西两区多段，实行信报分投。进入 20 世纪 80 年代后，绍兴城市建设加快，住宅区不断扩展，投递路线相应延伸。1990 年，全市城市投递段道共 60 条，覆盖 4 个街道、8 个自然村（包括塔山街道塔山村），4 000 多个单位，近 20 万人口。

电信：清末宣统三年（1911），绍兴商人集资筹建绍兴电话股份有限公司，并于民国元年（1912）经交通部核准在大路上岸（今上大路 157—177 号）开业，营业范围为绍兴城区及县属各区。绍兴沦陷期间，电话公司财产被劫掠，绍兴电信事业陷入低谷。中华人民共和国成立后，绍兴电信事业逐渐恢复，1956 年 1 月，绍兴电话股份有限公司实行公私合营。1958 年 5 月，绍兴电话股份有限公司与绍兴邮电局合并，同年，绍兴市市民劳世庆安装上第一台住宅电话。但直到改革开放前后，塔山片区市民才普遍安装住宅电话。1989 年，绍兴无线寻呼开通，缓解了用户装机困难。20 世纪 80 年代末期，塔山片区集体开始为部分厂长及场长配置中文 BP 机和数字 BP 机，成为绍兴第一个为集体干部配备 BP 机、大哥大手机的片区。

4）产业经济发展

中唐以后，绍兴城市手工业迅速发展起来。原本仅允许在“市”中设置的店铺和作坊陆续在具有“坊墙”的“坊”内出现。“市”也突破了开市、休市的时间限制，出现了夜市。坊墙和市墙逐渐被打破，由“坊市”进入“街市”阶段。塔山片区前街与后街、前观巷与后观巷便是在唐晚期“厢坊制”推行的背景下形成的。但是由于塔山片区在古代一直是绍兴古城南部的留白地，其产业经济直到中华人民共和国成立以后才得以快速发展。

20 世纪 50 年代，由于计划经济体制的实行，我国开始推动农业集体化建设。1956 年，塔山农业生产合作社成立，由五云门建新社、东郭门红星社、寺池畈复兴社、罗门畈金星社、望花畈合心社、和畅堂塔山社 6 个初级合作社发展而来，下辖东郭片、罗门片、望花片共 21 个生产队。塔山农业生产合作社自成立以来，一直是水稻与蔬菜并举的绍兴农业生产基地，蔬菜品种多样，一年四季都有新鲜蔬菜上市供应市场。60 年代初期，塔山大队共有土地 2 500 亩，按比例种植粮食和蔬菜，直至 1978 年国家粮食政策放宽，塔山村取消种植粮食，全部种植蔬菜，成为绍兴市的蔬菜基地。

表 3–2　塔山大队种植蔬菜名称一览表

蔬菜名称	品种特色名称	蔬菜名称	品种特色名称
包心菜	光色玲珑鸡公包	番茄	满水品种红番茄
球菜	扁平实心大平包	辣椒	鸡爪尖角小辣椒
油得儿菜	青色油亮油得儿	茄子	藤条八寸紫茄子
小白菜	矮种多叶小白菜	苋菜	绿梗糯性青苋菜
莴苣笋	青皮绿肉莴苣笋	白菜	绿叶麻婆矮黄头
马铃薯	颗粒匀净洋芋艿	芥菜	芭蕉青叶大叶芥

续　表

蔬菜名称	品种特色名称	蔬菜名称	品种特色名称
刀豆	赶早矮蓬嫩刀豆	雪菜	多脑细叶雪立峰
四季豆	大小一品四季豆	菠菜	红嘴鹦哥绿菠菜
长酒豆	长短一致糯汪豆	茭白	秋江白口美女茭
丝瓜	青皮条直棚丝瓜	芋艿	棕皮糯心水芋艿
冬瓜	搭棚带花仔冬瓜	大菱	驼背白玉四角菱
黄瓜	清脆水罗乳黄瓜	田藕	粉白柔糯大田藕
长南瓜	十姐妹种长南瓜	小葱	兰花指尖小水葱
圆南瓜	早熟品种圆南瓜	京葱	红皮多层洋葱头
蒲子	青皮细毛嫩蒲子	圆萝卜	梨头品种圆萝卜
葫芦	水灵柔糯葫芦蒲	长萝卜	白里透红长萝卜

20世纪60年代除了种植业，塔山片区的养殖业和畜牧业也有所发展。1961年，从宁波奶牛场学习经验后，鲁迅路东郭门头洋铁台门处成立了塔山奶牛场，在当时南城居民间享有极高知名度。1968年，塔山大队成立塔山渔种场，选址东郭门朱家祠堂，场房在罗门桥头七间小屋，主要是饲养鲢鱼，年底统一捕捉，作为供全大队社员过年的“分岁”鱼。

改革开放以来，我国开始从计划经济体制向社会主义市场经济体制过渡，国家大力鼓励工业企业发展。1983年，塔山村村委围绕市场经济，开始积极探索城郊经济发展的新路子，引导村企业积极走向市场。同年成立“塔山农工商公司”（塔山实业总公司的前身），公司的地点和仓库选址“大树下”延安路1号，即塔山大队办公楼内。1987年，塔山村成立“塔山房地产开发公司”，确定了以房地产开发为龙头，贸、工、农、商一起上，充分发挥城郊优势，大力发展工业、商业、第三产业的经济发展奋斗目标。至20世纪90年代，塔山片区成立了一大批工业企业，包括塔山建筑机械厂（鲁迅路底）、塔山自行车配件厂、塔山福利综合厂、塔山花场、塔山水泥预制品厂、塔山拉钢厂、塔山农工商公司、塔山房地产开发公司、塔山联营汽车维修中心以及塔山综合农贸市场。

二、历史文化街区与历史地段

1. 历史文化街区

（1）鲁迅故里历史文化街区

1）概述

鲁迅故里历史文化街区位于古城中部，西临解放路，东接中兴路，北邻咸欢河沿以北的观音弄，南至鲁迅路以南。

鲁迅故里历史文化街区是文学巨匠鲁迅先生青少年时期生活的故

图 3-3　鲁迅故里历史文化街区

（图片来源：自摄）

土，保存有周家新老台门、百草园、三味书屋等大量相关史迹，是鲁迅璀璨文学作品的实景展示。街区内有国家级文保单位 1 处，市级文保单位 1 处，市级文保点 5 处，还有一批相当规模的台门院落、传统民居和特色建筑。鲁迅路河和咸欢河一南一北横穿街区，是具有较为典型水乡风貌的传统街区。

2）保护区划

东临中兴路，南至柔遁弄—新建南路—大禅法弄—小禅法弄—白衙弄一线，西至解放路，北接观音弄，总面积 25. 02 公顷。

其中核心保护区面积 9.15 公顷，建设控制地带面积 15.87 公顷。

3）历史文化价值

① 璀璨文学作品的实景

街区为中国文化革命主将、伟大的文学家、思想家和革命家——鲁

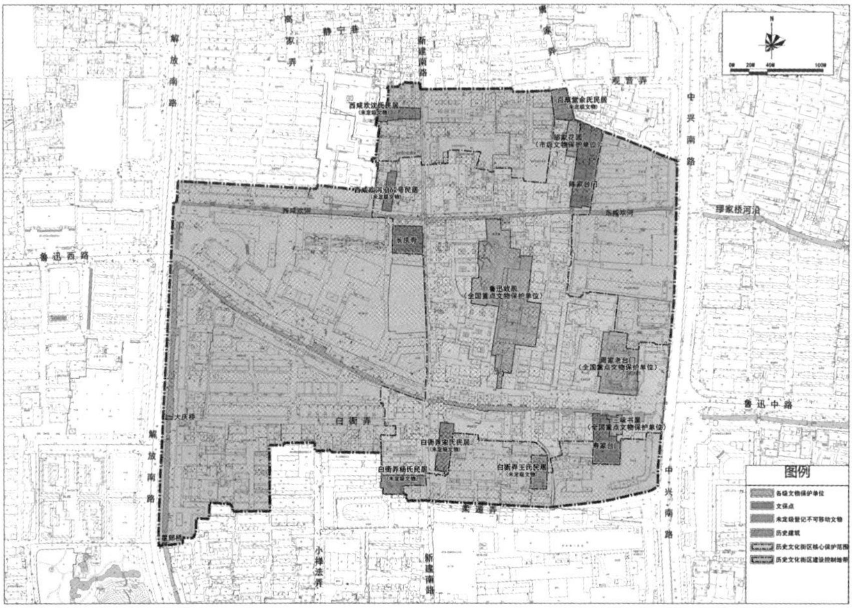

图 3-4　鲁迅故里历史文化街区保护区划图

（图片来源：绍兴市国土空间规划研究院、上海同济城市规划设计研究院、上海杨浦同济科技园有限公司《绍兴历史文化名城保护规划（2021—2035 年）》，2024 年）

迅在青少年时代居住生活的环境，保留了大量与鲁迅有关的史迹，街区内有 1 处全国重点文物保护单位（包括鲁迅故居、祖居、百草园和三味书屋）。

鲁迅有大量脍炙人口的文学作品，本街区正是鲁迅笔下描绘的清末民初绍兴社会生活场景的真实所在地。咸亨酒店、长庆寺、土谷祠和都昌坊口等地点都出现在鲁迅作品描述的场景中，反映了当时绍兴的人文环境风貌。

② 独特的格局和典型的水乡风貌

街区地段南高北低，有三条天然河流（咸欢河、鲁迅路河、府河）流经该街区，河流与街道、建筑的形态关系丰富，形成了布置灵活多变的街道与河道空间，设立的桥梁、水埠以及绿化种植具有较为典型的江南水乡风貌，石板巷道、街亭戏台、宅第傍水体现出绍兴传统居住街区亲切宜人的环境氛围和独特的街区格局。绍兴古城原有标志点之一应天塔及塔山紧靠街区的西南角，与鲁迅广场之间有明确的视觉走廊，成为

图 3–5　鲁迅故里历史文化街区航拍

（图片来源：自摄）

街区视觉景观的制高点。

③ 类型丰富多彩的民居建筑

街区内保存了清末民初绍兴传统的台门民居，有殷实人家的朱家台门、陈家台门、余家花园、寿家台门、守安堂等，有小康之家的郎家台门、高家台门、宗家台门、王家台门和杨家 / 金家台门等，也有平民的住宅。粉墙黛瓦、竹丝台门、石库台门、乌黑柱廊、棕色油漆排板门等，以黑白灰为主色调的民居建筑群古朴典雅、形态轻灵，与传统的水道、街巷空间共同构成了街区的形态肌理，具有宜人的尺度和淡雅的色调。

（2）前观巷历史文化街区

1）概述

前观巷历史文化街区位于人民路南，内有明代大才子徐渭故居，是我国青藤画派及绍兴师爷文化的发祥地；民居形态丰富，古树名木及古井资源密布，方格网状街巷是历史上厢坊制度的特色反映。2020 年，

图 3-6　前观巷历史文化街区航拍

（图片来源：自摄）

绍兴市以徐渭诞辰 500 周年为契机，新建徐渭艺术馆、青藤广场及绍兴师爷馆。

前观巷历史文化街区是保持着传统建筑风貌和街巷格局的传统民居，建筑多为粉墙黛瓦的穿架砖木结构房屋，内有全国文物保护单位 1 处，市级文物保护单位 1 处，以及多处重点台门如张家台门、陈家台门等。街区内各条巷弄贯穿整个历史文化街区，文物、老巷、老弄、老池、老屋、老台门、老石板和老景点，构成了不可替代的古老的历史文化产物，堪称名人故居的杰作。

2）保护区划

东临解放路商业建筑，南至前观巷—鲁迅西路，西至仓桥直街，北至后观巷，总面积 4.01 公顷。

其中核心保护范围面积 2.61 公顷，建设控制地带面积 1.4 公顷。

图 3-7　前观巷历史文化街区保护区划图

（图片来源：绍兴市国土空间规划研究院、上海同济城市规划设计研究院、上海杨浦同济科技园有限公司《绍兴历史文化名城保护规划（2021—2035 年）》，2024 年）

3）历史文化价值

① 五代史迹的见证地

前观巷历史文化街区得名于钱镠在绍兴讨平董昌叛乱的历史故事，是五代吴越国在绍兴活动的重要见证。

钱镠为五代十国时期吴越国的建立者，当时受命讨平董昌后，积极恢复地方，厚待百姓，越州百姓对其十分感激。当钱镠率部离开越州时，百姓扶老携幼在前后两条路上观看并目送这支忠君保民的王师，后人遂将这两条路称为“前观巷”与“后观巷”。

② 宋韵遗泽的展示区

前观巷历史文化街区的基本空间格局，深受南宋绍兴府城厢坊、街衢、水系营建的影响，至今大体维持不变。

据《宝庆会稽志续》卷一记载，嘉定十七年（1224），知府汪纲对绍兴府城的街区进行调整，将城区划分为 5 厢 96 坊。而如今的前观巷历史文化街区，对照绍兴文史专家屠剑虹女士依据历史文献重绘的《南宋绍兴府城图》，其区域大致为南宋时期船场坊、河南坊、甲子坊、开元坊、南观仁坊等涵盖的区域。

③ 笔下青藤的水墨卷

前观巷历史文化街区内的青藤书屋，是明代大才子徐渭出生及成长之地，也是“青藤画派”发源之地，徐渭与“青藤文化”为整个街区注入了艺术灵魂。

徐渭是明代文学家、书画家、戏曲家、诗人。在艺术创作上具有独特的才华和风格，在诗文、戏剧、书画等各方面都独树一帜，与解缙、杨慎并称“明三子”。青藤画派是徐渭开创的画派，开创了中国画“泼墨大写意”的艺术风格，不求形似求神似，对后世画家（如八大山人、石涛、扬州八怪等）影响极大。书画大家郑板桥和齐白石都曾说过“愿为青藤门下走狗”，话里话外都甘愿为徐渭当侍从，即便磨墨理纸也是人生快事。

徐渭故宅青藤书屋坐落于前观巷历史文化街区大乘弄内，建筑古朴平常。绿叶满园的幽静小院里有平房三间，小天井内有一株青藤，徐渭

图 3-8　徐渭艺术馆

（图片来源：自摄）

爱慕青藤长于顽石之中而终年倔强常青，遂将书屋取名为“青藤”，并以此作为自己的别号。

④ 多元融合的市井里

唐代以来，前观巷历史文化街区所在区块就是宫观贤祠林立之处，儒、释、道、城市行商等各类社会群体在此和谐共处，铺就街区浓厚的社会文化底蕴。

街区内的宫观贤祠主要有开元宫、大乘庵及诸大绶祠等。开元宫为道教宫观，在今开元弄位置，旧极宏广，到宋代多为居民所侵，香火绝废。今有东西向街巷名开元弄，系取开元宫之意。大乘庵，旧时在今大乘弄口曾有一座大乘庵，香火极盛，庵名取自《大乘妙法莲华经》，因此后人将大乘庵所在的这条路称为大乘弄。诸大绶祠位于后观巷处，清嘉庆《山阴县志》卷二十一载：“诸文懿大绶祠在县东南二里，东观坊治平道院之右，有司春秋致祭。”今诸大绶祠已不存，而其遗迹可寻。

城市行商方面，前观巷在1949年前是锡箔铺的集中地，当时这一区域被业内人士称为“上城帮”，其箔业交易的“茶市”即设在前观巷，“茶市”锡箔年销售量逾百万块（每块3000张），其背后涉及产业工人近十万人。

2. 历史地段

1）概述

作揖坊历史地段位于人民路南，前观巷历史文化街区以西。该历史地段诞生于我国古代城市里坊制全面走向解体之时，是历史城区由里坊制向厢坊制转型的历史见证。地段内环山河自北向南贯穿整个地段，构成地段内“一水中流”的空间态势，形成“街河并行”的布局特色。内有文保点1处以及多处历史建筑如高氏民居、曹氏民居等。

作揖坊历史地段属于典型的居住区块，内部破墙开店的情况较少，少量商业业态主要分布于人民西路及鲁迅西路沿街。地段内部依然保持着静谧的居住氛围。

图3-9　作揖坊历史地段航拍

（图片来源：自摄）

2）保护范围

东至前观巷历史文化街区，南接鲁迅路，西临现状多层住宅区，北至人民路，总面积 3.32 公顷。

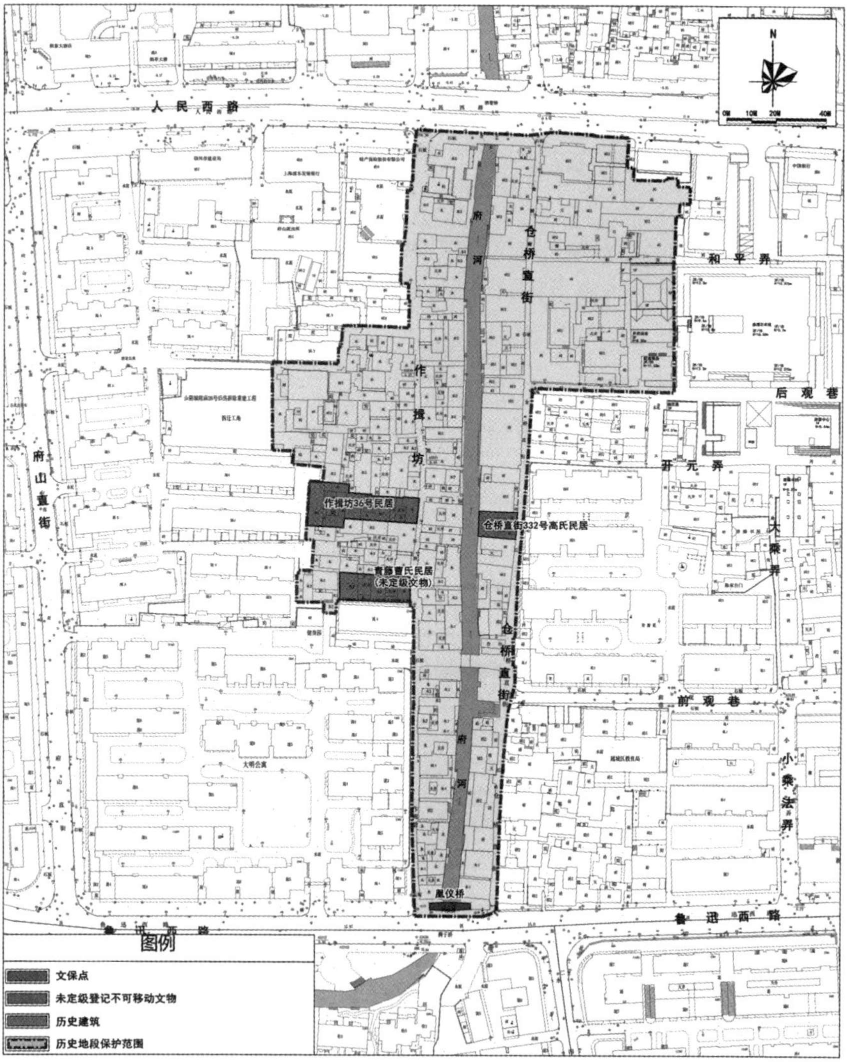

图 3-10　作揖坊历史地段保护范围图

（图片来源：绍兴市国土空间规划研究院、上海同济城市规划设计研究院、上海杨浦同济科技园有限公司《绍兴历史文化名城保护规划（2021—2035 年）》，2024 年）

3）历史文化价值

① 历史悠久，越地文明礼仪的传承地

作揖坊历史地段有着悠久的历史，其前身可追溯至南宋嘉定年间的船场坊，是中国古代城市由里坊制向厢坊制转型的见证，迄今已有近千年的历史。

作揖坊之地名传承，其一是来自“作楫驾舟”之字形演变，其二就是来自越地的敦厚风俗。宋《嘉泰会稽志》记载了吴越春秋时越人的送迎之礼：在送别客人时，道一声“行行各努力”，以为勉励和珍重之辞，对远道而来的人也要说声辛苦并委婉表达彼此的恩情。送迎之礼节则为彼此打躬作揖，久而久之，作揖的礼仪就成了坊名，从元朝沿袭至今，使越地的文明礼仪得到传承。

② “河街并行”，古城水乡风貌带的典型代表

作揖坊历史地段位于古城中心区位，其形成和发展与水有着血脉相连的紧密联系，前街后河，枕河而居，形成了作揖坊历史地段朴素而雅致的整体风格。“一河两街”将历史地段分为四片，形成“川”字形的空间系统主骨架，是人们生活、交通的主要脉络；水、建筑、街巷、桥梁、河埠踏道等自然环境和人工环境融为一体，描绘出一幅水乡居民与世无争、恬淡安适的生活图景。

图 3–11　作揖坊河街水巷

（图片来源：自摄）

③ 文物古迹丰富，建筑造型轻巧

作揖坊历史地段积淀了丰富的历史文化资源。地段内有被列为绍兴市文物保护点的凰仪桥，被公布为绍兴市首批历史建筑的青藤曹氏民居、高氏民居，三普登录不可移动文物作揖坊36号民居。

除文物古迹外，作揖坊历史地段的其他传统民居以其色调淡雅、轻巧秀丽、别致内蕴的风格体现了江南水乡传统建筑的艺术风貌。建筑形制主要包括中国传统的多进院落形式及典型的“台门”形式。

粉墙黛瓦、坡屋顶等形式为传统民居建筑的主要特征。建筑色彩除了江南水乡以黑、白、灰为主的色调外，在正立面的处理上，二层大多采用木板刷深栗色桐油的方式。成片连绵的建筑群以蜿蜒的河道为纽带，像水墨画卷般在眼前徐徐展开，展现了别具韵味的民居风情。

三、地面历史建（构）筑物资源

1. 文物保护单位

（1）全国重点文物保护单位

1）鲁迅故居（含鲁迅故居、百草园、周家老台门、三味书屋）

鲁迅故居位于绍兴市东昌坊口，在鲁迅纪念馆西侧。1881年9月25日，鲁迅就出生在这里，一直生活到18岁去外地读书，之后回故乡任教也基本上居住于此。鲁迅是中国文化革命的主将，是近代中国最伟大的文学家、思想家和革命家。

鲁迅纪念馆西侧是鲁迅故居，东侧则是三味书屋，鲁迅曾在这里学习了五年。现鲁迅故居临街的两扇黑漆石库门系原新台门的边门，鲁迅一家于1913年左右经过修缮后独家进出。新台门坐北朝南共六进，有

图 3-12　三味书屋

（图片来源：自摄）

80 余间房子，连后园即百草园在内，占地 4 000 平方米，是老台门八世祖周熊占在清朝嘉庆年间购地兴建的。鲁迅曾高祖一房移居新台门后，世系绵延，至 1918 年，周氏房族衰落，才经族人共议把这座屋宇连同屋后的百草园卖给了朱姓东邻。屋宇易主后，原屋大部分拆除重建，但鲁迅家基本被保留。

三味书屋是晚清绍兴府城内著名的私塾，也是鲁迅 12 岁至 17 岁求学的地方，位于都昌坊口 11 号。塾师寿镜吾（晚署镜湖），是一位方正、质朴和博学的人。他的为人和治学精神，给鲁迅留下难忘的印象。寿镜吾在这里坐馆教书达 60 年，从房屋建筑到室内陈设以至周围环境，基本保持当年面貌。三味书屋是三开间的小花厅，本是寿家的书房。坐东朝西，北临小河，与周家老台门隔河相望。

2）青藤书屋

青藤书屋位于前观巷大乘弄 10 号，原名榴花书屋，系明代文学家、书画家徐渭故居，明末画家陈洪绶亦曾寓居于此，为我国“青藤画派”发祥地。明董瑒《青藤书屋记》云：“书屋在县治南，有巷名观巷，右即其址。正德辛巳徐山人生于是，青藤其所手植。”“藤下一池，方十尺，池上近北横一小平桥，桥承以柱，桥上覆以石，台上可为亭。额曰‘天汉分源’，背即颜曰‘自在岩’；题台下双柱曰‘一池金玉如如化，满眼青黄色色真’，背复题曰‘未必玄关别名教，须知书户孕江山’；题承桥之柱曰‘砥柱中流’。皆自书，是所谓天池也。”

今青藤书屋入门有小竹园和假山一座，山墙上嵌徐渭手书“自在岩”刻石一方。书屋系石柱砖墙硬山造木格花窗平房，共两室。前室南向，窗外有小天井，天井西首栽青藤一株。窗下有石砌水池，即“天池”。池中置方形石柱，镌徐渭手书“砥柱中流”四字。室中悬徐渭画像及其手书“一尘不到”，挂陈洪绶题“青藤书屋”匾。东壁嵌“天池山人自题像赞”刻石，上镌徐渭 50 岁时小像。西壁树清阮元题撰《陈

图 3-13　青藤书屋

（图片来源：自摄）

氏重修青藤书屋记》碑一方。内室北向，陈列徐渭书画作品。书屋占地面积 467 平方米，为全国重点文物保护单位。

3）秋瑾故居

秋瑾故居位于绍兴市越城区府山街道和畅堂 35 号，是我国近代杰出的女革命家、妇女解放运动先驱——“鉴湖女侠”秋瑾的主要居住地，是其生活和从事革命活动的重要场所。秋瑾故居占地面积 875 平方米，布局规整、规模较大，是一处保存较好的晚清时期建筑。由于长年受风雨浸蚀，石质构件略有风化，2004 年已修缮。于 1988 年公布为全国重点文物保护单位。

图 3-14　秋瑾故居

（图片来源：自摄）

（2）浙江省文物保护单位

1）沈园

宋代名园，清乾隆《绍兴府志》引《旧志》云：沈园“宋时池台极盛”；又因南宋爱国诗人陆游在园壁题《钗头凤》一词而闻名遐迩。至中华人民共和国成立后，沈园仅存一隅，保存的宋代遗物有葫芦池、土

图 3-15　沈园

（图片来源：自摄）

丘、水井等。1987 年，沈园在原址上首次按宋式建筑风格进行重建，后又几次扩建。1963 年公布为浙江省文物保护单位。

2）陈建功旧居

陈建功旧居位于城区人民路，是著名数学家陈建功的出生地及生活处。建筑三间二进，东西厢房相向而建，呈四合院式。第一进东次间为陈建功的书房兼卧室。2011 年公布为浙江省文物保护单位。

（3）绍兴市文物保护单位

1）邹家花园

邹家花园为私家花园，晚清建筑，位于城区若耶溪邹家台门内。花园利用台门座楼前（南向）天井开辟，居中立照墙，将花园一分为二，园内水池、假山、曲桥布置得当，错落有致，水榭曲廊等造作讲究、装饰精美、十分典雅。包括台门在内，整体保存完整。2002 年公布为绍兴市文物保护单位。

图 3-16　陈建功旧居

（图片来源：自摄）

图 3-17　邹家花园

（图片来源：自摄）

2）凌家台门太平天国壁画

凌家台门太平天国壁画位于前观巷 19 号，为市级文物保护单位。壁画作于清咸丰十一年至同治二年（1861—1863）太平天国革命军驻绍时，绘于第一进明间天花板，为云龙图案。画面长 4.4 米、宽 2.5 米，剥蚀严重。

图 3–18　凌家台门太平天国壁画

（图片来源：《绍兴市区文物保护单位范围及建设控制地带图》）

3）李家台门太平天国壁画

李家台门位于鲁迅路（都昌坊路），主体建筑建于明晚期，坐北朝南，为砖木穿斗式结构。李家台门太平天国壁画位于台门中厅明间东、西壁和退堂屏门上，绘于 1861—1863 年太平天国革命军驻绍兴时。彩墨画法，有龙、凤、历史故事、水战陆战图。1961 年公布为绍兴市文物保护单位。

图 3-19　李家台门太平天国壁画

（图片来源：《绍兴市区文物保护单位范围及建设控制地带图》）

4）谢家台门

谢家台门为明末台门建筑，位于城区延安路沈园西侧。建筑坐北朝南，分东、西两条轴线，屋面均为硬山式，阴阳合瓦，石板铺地。东轴现存三进，第一进花厅，三开间。第二进三开间，座楼。第三进存一间，座楼。西轴共四进。第一进门屋，五开间，明间五柱七檩立中柱，次间、梢间同明间。第二进前厅，五开间，明间五架抬梁式，次间、梢间均立中柱，前为卷棚式，前设天井、石窟门。第三进后厅，五开间，各间均为穿斗式梁架。第四进五开间，座楼，各间均为穿斗式梁架。2002年公布为绍兴市文物保护单位。

5）府儒学

府儒学始建于宋嘉祐五年（1060），之后明正统十二年（1447）和成化五年（1469）各经大修，现建筑为清康熙五十七年（1718）大修后建成。今仅存戟门、泮池、大成门三处建筑，建筑坐北朝南，屋面硬山式，阴阳合瓦，石板铺地，戟门三开间，大成门亦三开间，两门之间设

图3-20　府儒学航拍

（图片来源：自摄）

有泮池，为半月形，池中架石桥。府儒学布局规整、建造精细，梁枋施以彩绘，具有一定的历史、科学、艺术价值。2002 年公布为绍兴市文物保护单位。

6）建安桥

建安桥又名望花桥，据南宋《嘉泰会稽志》记载："望花桥，在府学前，其旁地名多以艺花为业，故桥名为望花桥。"可见建安桥于南宋时就已存在，现桥为明天启二年（1622）修建。单孔梁式石桥，桥长 14 米，宽 2.2 米，高 2.1 米。桥台以条石错缝叠砌，上承台帽石，桥面以五块石梁铺成，桥面两侧置石栏板，石栏板长于桥面，两端线刻抱鼓纹样，东西踏跺。南侧栏板刻有"会稽县上望花坊信士钱大章喜舍"，石梁上刻"山阴县念七都信士王□喜舍""建安桥 大明天启二年"字样，北侧栏板刻有"望花桥"三字。建安桥造型简洁，是府河上沟通山阴、会稽两县的古桥梁之一。2021 年公布为绍兴市文物保护单位。

图 3-21　建安桥航拍

（图片来源：自摄）

图 3-22　福康医院旧址
（图片来源：自摄）

7）福康医院旧址

清光绪二十九年（1903）由美籍医师高福林创办。今存建筑一进，坐北朝南，九开间，三层楼屋，每三间组成一个单元，每单元中间底层辟门，两边设西式门窗，进深方向中央辟为通道，前后独立成间。砖柱、砖墙承重，木架庑殿顶，土青瓦屋面。福康医院设计科学，做工较为讲究，保存较好，建筑风格中西合璧。2002 年公布为绍兴市文物保护单位。

8）章学诚故居

章学诚故居是清代杰出史学家和思想家——章学诚晚年居住地，为一处清代名人故居，位于浙江省绍兴市越城区府山街道水沟营社区辛弄 19 号，占地面积约 204 平方米。建筑坐南朝北，共两进，四合院式，设天井及厢房，屋面均为硬山式，阴阳合瓦，石板铺地。第一进门屋，三开间，明间辟石窟门。第二进三开间，座楼。2002 年开始全面维修，2003 年 10 月修缮完成后对外开放参观。2002 年公布为绍兴市文物保护单位。

9）应天塔

应天塔位于浙江省绍兴市越城区府山街道水沟营社区塔山顶，为明代建筑，占地面积 109 平方米。塔为六面七层楼阁式结构，砖砌塔身，木质斗拱。塔身由柱额、斗拱、塔檐组成，底层六面各设壶门，以上各层变换方向，相对开设二门，其余为佛龛。

应天塔形态优美、结构坚固，保存了一些明代实物，具有一定的历史、艺术价值。1961 年公布为绍兴县文物保护单位。由于年代久远，经雨水浸蚀，建筑石构件略有风化。1984 年进行了重修。2022 年公布为绍兴市文物保护单位。

图 3-23　应天塔

（图片来源：自摄）

图 3-24　承天英华中学旧址航拍

（图片来源：自摄）

10）承天英华中学旧址

位于绍兴文理学院附属中学内，从建筑奠基石纪年可知应建于1877年，为清末建筑，建筑风格中西合璧，坐北朝南，共一进，座楼。平面呈凸字形，面阔三开间，进深三开间，明间进深后加一间。前以及左、右设走廊，楼层亦三面设走廊，外设栏栅以作护卫，底层为石板地面，楼屋铺设木地板，东次间墙角镶有奠基石碑一块。2015年公布为绍兴市文物保护单位。

2. 绍兴市文保点

（1）陈家台门

百草园陈氏民居位于浙江省绍兴市越城区塔山街道东咸欢河沿11号，从现存构架判断为民国建筑，占地面积1 381平方米。建筑坐北朝南，共四进，屋面硬山式，阴阳合瓦，石板铺地。第一进门屋三开间，梁架四柱七檩，东次间作为通道。第二进厅堂，三开间，明间四柱七檩中五架抬梁式，次间五柱七檩立中柱，东、西设厢房。第三进香火，三开间，明间五柱十檩中五架抬梁，次间六柱十檩立中柱，梁枋用材粗壮。第四进为座楼，三开间，梁架均为穿斗式，后设廊披。

百草园陈氏民居布局严谨，规模庞大，用材做工较为讲究，保存较好，是一处传统的台门建筑。

（2）长庆寺

长庆寺位于浙江省绍兴市越城区塔山街道西咸欢社区新建南路 351 号，从现存构架判断为清代建筑，被列入绍兴市文物保护点，占地面积 637 平方米。建筑坐西朝东，共三进，第三进为 2005 年重建，屋面均硬山式，阴阳合瓦，石板铺地，山门一开间，进山门，左侧为一天井。后为大殿，三开间，明间四柱八檩中五架抬梁，前卷棚式，后双步，次间五柱八檩立中柱，前后梁架同明间。北侧山墙有石碑两块，其一为画像。

鲁迅幼年时曾拜长庆寺龙师父为师，并取名为“长根”，鲁迅对此印象颇深，晚年曾写过一篇《我的第一个师父》的文章，长庆寺于 2005 年作了全面修缮，保存较好。

图 3-25　长庆寺

（图片来源：自摄）

（3）寿家台门

寿家台门位于浙江省绍兴市越城区塔山街道鲁迅中路220号，从现存的构架判断为清代建筑，占地面积730平方米。建筑坐南朝北，共四进，屋面均硬山式，阴阳合瓦，石板铺地。第一进门屋，三开间，明间三柱五檩立中柱，次间梁架同明间。第二进大厅，明间五柱八檩中五架抬梁，前卷棚式，后单步。次间六柱八檩立中柱，前后梁架同明间。第三进三开间，座楼，明间五柱七檩立中柱带前后单步，次间梁架同明间。第四进平屋，七开间，明间五柱七檩立中柱，其他各间梁架同明间，东侧厢房为五开间。

寿家台门布局严谨、规模较大、保存较好，为鲁迅童年在三味书屋读书时的老师寿镜吾的住宅，是一处传统的台门建筑。

（4）大庆桥

大庆桥位于浙江省绍兴市越城区塔山街道白衙弄社区西端，据史料记载为明代石桥。大庆桥东西走向，横跨府河之上，为单孔半圆形石拱桥，桥长9米，桥面宽2.8米，矢高3.6米。桥面两端置栏板、望柱，望柱头刻覆莲状纹样。宋嘉泰《会稽志》、清乾隆《绍兴府志》均有记载。

大庆桥设计简洁、结构坚固、保存较好，是一座传统的水乡石桥。

（5）星朗桥

星郎桥位于浙江省绍兴市越城区塔山街道白衙弄社区解放南路步行街，明代石桥。桥为东西走向，横跨府河，为单跨梁式平桥。桥长14米，桥面净宽2.4米，矢高2.5米。桥面两端设栏板，南侧栏板刻有“景宁桥”“大明嘉靖元年一月”等字样，故星郎桥又名景宁桥。

星郎桥设计简洁、结构坚固、保存较好，并有确切纪年，是一座传统的水乡石桥。

（6）前观巷27号陈家台门

陈家台门位于前观巷27号，从现存构架分析应为明末建筑，建筑占地面积240平方米。台门坐北朝南，仅存座楼一进，屋面硬山式，阴阳合瓦，石板地面，座楼三间二弄，明间五柱七檩立中柱带前廊单步，后檐设牛腿。

陈家台门现存建筑保存较好、用材一般，是一处传统的台门建筑。

（7）张家台门

青藤张家台门位于前观巷 17 号，从现存构架判断应为清代建筑。建筑占地面积 268 平方米，台门坐北朝南，共两进，四合院式，屋面硬山式，阴阳合瓦，石板铺地。第一进五开间，仅存西次间、梢间，梁架均为七柱九檩立中柱，前廊卷棚式，后为单步。第二进五开间，座楼，带前廊卷棚式，厢房已毁重建。青藤张家台门布局严谨，大厅前廊月梁做工精细、雕刻精美，保存一般，是一处传统的台门建筑。

（8）凰仪桥

凰仪桥位于浙江省绍兴市越城区塔山街道青藤社区鲁迅西路仓桥直街口。从桥梁题记分析应为清代石桥。桥为东西走向，为单孔马蹄形

图 3–26　张家台门

（图片来源：自摄）

图 3-27　凰仪桥

（图片来源：自摄）

拱桥，桥长 20.1 米，桥面宽 3.7 米，桥面设桥心石，两端设望柱、栏板；东、西各设踏跺，东为 12 级，西为 11 级，两端设垂带，上置栏板、望柱；桥拱纵联分节并列砌筑，桥拱高 3 米；桥面栏板外侧有题刻，中为“凰仪桥”三字，并有“道光十九年元月立”“里人重修”等字样。

凰仪桥在绍兴民间又被称为“黄泥桥”，此桥名在宋《嘉泰会稽志》中有记载，而在清《嘉庆山阴志》中此桥又被称为“王仪桥”，后才取“凤凰来仪”之义将桥名改为“凰仪桥”。

凰仪桥设计简洁、造型优美、保存较好，并有确切修建年代，是一处传统的水乡石桥。

（9）金斗桥

金斗桥位于浙江省绍兴市越城区塔山街道燕甸园社区燕甸弄北端，从现存桥梁判断为清代石桥。桥为南北走向，横跨咸欢河，为单孔半圆形石拱桥，桥长 10.8 米，面净宽 3.2 米，矢高 2.15 米。桥两端置栏板，南、北设踏跺，南为 10 级，北为 8 级，踏跺两端设垂带，桥壁条石错缝叠砌。

图 3-28　金斗桥

（图片来源：自摄）

金斗桥设计简洁、造型优美、结构坚固，是一座具有一定历史、科学、艺术价值的水乡石桥。2002 年公布为绍兴市文物保护点。

（10）状元台门遗址

状元台门遗址位于塔山街道缪家桥河沿 6 号，为清乾隆年间状元史致光故居。目前仅遗存最后一进座楼建筑，面阔五开间，东厢楼面阔亦五开间，带南北披屋，其余建筑都已改建。史致光（1752—1828），原名步云，字青路，号鱼村，浙江会稽（今绍兴）人，光禄大夫，清乾隆五十二年丁未（1787）科状元，殿试一甲第一名，官至都察院左都御史。归乡后，主讲宁波月湖书院、杭州敷文书院。2019 年公布为绍兴市文物保护点。

（11）抗日突围纪念碑

抗日突围纪念碑乃为纪念 1941 年 4 月 17 日绍兴县城沦陷时，在突围中伤亡的师生而建。2021 年公布为绍兴市文物保护点。

图 3-29　抗日突围纪念碑

（图片来源：自摄）

（12）和畅坊遗址

遗址位于越城区塔山街道，东邻解放南路，南邻和畅堂路，西邻秋瑾故居，北邻塔山园。2023 年在地块出让前的考古调查过程中，经勘探，发现文化层堆积范围 1 处，平面呈“L”形，面积 3 065 平方米；内填较疏松的灰褐色土，发现有砖块、瓦片、红烧土粒、黑灰粒、印纹硬陶片、硬红陶片、灰陶片、泥质陶片、青瓷片，大部分陶片有纹饰。这是绍兴古城内首次发现堆积完整且连续的遗址，对于绍兴古城历史价值阐释具有重要意义。2023 年公布为越城区第三批区级文保点。

（13）贺家台门

贺家台门位于浙江省绍兴市越城区塔山街道白衙弄社区柔循弄 6 号，从现存构架判断为清代建筑。建筑坐北朝南，占地面积 259 平方米，仅存大厅一进，屋面硬山式，阴阳合瓦，石板铺地。面阔五开间，明间为抬梁式，次间、梢间立中柱，穿斗式梁架，各间设前廊，呈卷棚式，月梁雕刻较为精细，建筑已经修缮。

白衙弄贺家台门虽仅存一进，但规模较大，梁枋用材较为粗壮，是一处传统的台门建筑。

（14）冯亦摩故居

建筑位于和畅堂社区柴场弄10号，是“绍兴十老”之一、著名书画家冯亦摩的故居，清末建筑，占地面积730平方米。

建筑坐北朝南，共三进。第一进五开间，明间三柱四檩，前卷棚，后双步，次间三柱五檩，梢间梁架同次间。第二进五开间，明间三柱六檩，前卷棚，后五架抬梁，次间梁架同明间，梢间四柱六檩。第三进五开间，座楼，七柱七檩立中柱，次间、梢间梁架同明间。故居布局严谨，规模较大，保存较好，用材普通，做工较为精细，是一处传统的台门建筑。

图3-30　冯亦摩故居

（图片来源：自摄）

图 3-31　朱赓故居遗址

（图片来源：自摄）

（15）朱赓故居遗址

明代大学士朱赓的故宅，位于塔山街道柴场弄，坐北朝南，遗存范围占地面积约 3 600 平方米，可分东、中、西三条轴线，共四进建筑，大部分已经改建，局部保留原建筑屋架、墙面、地面基址及部分柱、础等构件，照壁基本保存完整，为明代建筑风格。朱赓故居是越城区内继吕府之后，具有较高文物价值的大型明代宅邸建筑，同类型建筑遗存数量稀少，同时还具有名人故居的性质，对研究明代历史、社会制度和建筑营造具有一定的参考价值。

3. 未定级登记不可移动文物、历史建筑

（1）余氏民居（未定级文物、历史建筑）

百草园余氏民居位于若耶溪 29 号。建筑坐北朝南，现仅存两进，门楼设于第二进东侧厢房。第一进五开间，前设天井、照壁，后设天井，明间五柱七檩立中柱，次间、梢间梁架同明间；第二进五开间，前设照墙，中开石窟门，明间五柱七檩立中柱，次间、梢间梁架同明间。屋面均为硬山式，阴阳合瓦，石板地面。百草园余氏民居布局清晰、保

图 3-32　百草园余氏民居

（图片来源：绍兴市国土空间规划研究院《越城区第一批历史建筑图则》，2018 年）

存较好，为典型的台门建筑。

（2）杨氏民居（未定级文物、历史建筑）

白衙弄杨氏民居位于新建南路 639 号。建筑第一进三开间，明间五柱七檩立中柱，次间梁架同明间；第二进三开间，明间六柱九檩立中柱，次间梁架同明间；第三进三开间，座楼，明间五柱七檩立中柱带前廊单步，次间梁架同明间，西侧、南侧后院面积较大。杨氏民居布局严谨、规模较大、用材一般，为典型的传统台门建筑。

（3）王氏民居（未定级文物、历史建筑）

白衙弄王氏民居（德邻台门）位于白衙弄社区张马弄 4 号。建筑坐北朝南，现存两进。第一进五开间，明间六柱九檩立中柱，次间梁架同明间，前设天井、照墙，中开石窟门；第二进五开间，座楼，明间五柱九檩带前廊单步，前设天井。屋面硬山式，阴阳合瓦，石板地面，各进设天井、厢房。王氏民居布局严谨、用材普通，部分构件或大气或精细，为典型的传统台门建筑。第一进保存尚可，第二进座楼、西侧厢房已被改造得面目全非。

（4）沈氏民居（未定级文物、历史建筑）

西咸欢沈氏民居位于新建南路 173 号。建筑坐西朝东，共四进。第一进三开间，北加一弄为门斗，明间三柱五檩立中柱，次间梁架同明间；第二进三开间，明间四柱七檩中抬梁式，次间五柱七檩立中柱；第三进三开间，明间五柱七檩立中柱，次间梁架同明间；第四进五开间座楼，明间五柱七檩立中柱带前廊双步。屋面均硬山式，阴阳合瓦，石板地面，各进设天井，左、右设厢房。沈氏民居布局规整、规模较大、保存尚可、用材一般，为典型的台门建筑。

图 3-33　西咸欢沈氏民居

（图片来源：绍兴市国土空间规划研究院《越城区第一批历史建筑图则》，2018 年）

（5）西咸欢河沿 62 号民居（未定级文物、历史建筑）

西咸欢河沿 62 号建筑坐北朝南，共四进。第一进三开间倒座楼，中为门厅，四柱七檩，次间五柱七檩；第二进三开间，明间四柱七檩，次间梁架同明间；第三进三开间，明间四柱七檩，次间梁架同明间；第四进明间五柱七檩，次间梁架同明间，前后有廊，后廊被搭建屋面封闭。屋面均为硬山式，阴阳合瓦，石板地面。62 号民居布局严谨、规模较大，做工用材普通，保存一般，局部破损严重，为典型的传统台门建筑。

（6）宋氏民居（未定级文物、历史建筑）

白衙弄宋氏民居位于新建南路 608 号。建筑坐北朝南，共三进。屋面均为硬山顶，阴阳合瓦，各进设天井、厢房。第一进三开间，前设天井、照墙，中开门，明间七柱七檩立中柱，次间梁架同明间；第二进为五开间座楼，两侧厢房为三开间座楼；第三进为拆后重建，明间五柱七檩立中柱带前后廊单步，次间、梢间梁架同明间。白衙弄宋氏民居布局严谨、规模较大，在鲁迅故里历史文化街区保护改造中已修缮完毕，为典型的传统台门建筑。

（7）仓桥直街 321 号高氏民居（未定级文物、历史建筑）

建筑坐东朝西，共四进，屋面均为硬山顶，阴阳合瓦，石板铺地。第一进门屋，面阔五开间；第二进大厅，面阔六间一弄；第三进楼屋，面阔五间一弄；第四进楼屋，面阔五间一弄。高家台门布局严谨、规模较大、保存一般、用材做工普通，是一处传统的台门建筑，台门内拥有一条小道连通第一进至第四进，较为特殊。

（8）开元弄 50 号陈氏民居（未定级文物、历史建筑）

建筑坐南朝北，共两进，四合院式，屋面均为硬山顶，阴阳合瓦，石板地面。第一进门屋，面阔七间；第二进座楼，面阔五间二弄。门屋后檐天井设照壁，中设仪门，东西侧厢房各四间，门屋东西梢间建连廊通两侧厢房。陈家台门布局规整、规模一般，用材及做工普通，是一处传统的民居建筑。

图 3-34　高氏民居

（图片来源：绍兴市国土空间规划研究院《越城区第一批历史建筑图则》，2018 年）

图 3-35　陈氏民居

（图片来源：绍兴市国土空间规划研究院《越城区第一批历史建筑图则》，2018 年）

图 3-36　姚氏民居

（图片来源：绍兴市国土空间规划研究院《越城区第一批历史建筑图则》，2018 年）

（9）青藤姚氏民居（未定级文物、历史建筑）

青藤姚氏民居位于开元弄 46 号，建筑坐北朝南，仅存一进座楼，面阔三间一弄，明间两缝五架抬梁前带单步，后带两个单步，前檐带廊披，重檐屋面；座楼南为院落，北设细长天井，与开元弄一墙之隔。座楼西侧并列 L 形建筑围合一天井。西侧设厢房，三开间，天井与东侧院落以围墙分隔。屋面为硬山式，阴阳合瓦，石板铺地。

（10）青藤凌氏民居（未定级文物）

青藤凌氏民居位于前观巷 19 号，从现存的梁架分析，应是清晚期建筑，占地面积 672 平方米。建筑坐北朝南，共三进，屋面硬山式，阴阳合瓦，石板地面。第一进五开间，明间四柱六檩，前卷棚式，后单步，次间、梢间梁架同明间；第二进五井间，明间五柱八檩，前卷棚式，后单步，中五架抬梁，次间梁架同明间，梢间六柱八檩立中柱，其他同次间；第三进五开间，座楼，明间五柱七檩带前后廊，卷棚式，次间、梢间梁架同明间。

（11）绍兴联合图书馆旧址（历史建筑）

绍兴联合图书馆旧址是前观巷历史文化街区内反映重要职能与特色的历史建筑物。60多年前，在市区今前观巷的青藤苑小区曾是当时绍兴城名门望族鲍氏的旧宅。里面有幢万卷楼，是当时鲍氏子弟接受进步思想后创办的一个小型图书馆，取名联合图书馆，向大众免费开放，供民众一起阅读进步刊物，一同寻找光明的未来。

当时联合图书馆就设在“万卷楼”的二楼，总共3间房，面积达200多平方米。创办者集中了身边已有的和出资新购的数千册书籍，包括文艺小说、哲学和社会科学丛书、进步报刊，乃至秘密传阅的《新民主主义论》《论联合政府》《中国革命和中国共产党》《评〈中国之命运〉》《西行漫记》等当时的“禁书”。

联合图书馆不仅借书，还自办刊物，其中有一本刊物叫《麦青》，是英文Marching（意为“前进”）的谐音。当时来联合图书馆借书的除了鲍氏族人，还有绍兴几所中学的师生，这些人多数是大户人家子弟。在白色恐怖下，该图书馆的活动一度收紧，但绍兴青年们追求进步思想的步伐始终没有停止。1949年，成立2年多的绍兴联合图书馆宣告完成历史任命，鲍家将留存的100多册图书捐给绍兴图书馆，从此退出历史舞台。

图书馆作为“文化进步事件”被记载进了绍兴地方志。《绍兴人民革命史》里也记载了这个图书馆：“绍兴联合图书馆，在存在的两年时间里，以革命的、先进的思想，滋润和培育了鲍家的青年一代和他们的许多同学。”现存纪念石碑“绍兴联合图书馆旧址”一块。

（12）曹氏民居（未定级文物、历史建筑）

曹氏民居位于绍兴市越城区塔山街道青藤社区作揖坊28号。民居建筑坐西朝东，共三进，占地面积321平方米。第一进三开间，倒座，明间五柱七檩立中柱，次间梁架同明间；第二进三开间，明间五柱七檩

图 3-37　青藤曹氏民居

（图片来源：绍兴市国土空间规划研究院《越城区第一批历史建筑图则》，2018 年）

立中柱，次间梁架同明间；第三进座楼，三开间，明间五柱七檩立中柱，次间梁架同明间。屋面均为硬山式，阴阳合瓦，石板地面。由于雨水长年渗漏，部分椽子霉烂，梁枋等木构件出现脱榫等情况，建筑墙体剥蚀，局部破损严重。

曹氏民居布局严谨，建造用材普通，为典型的传统台门建筑。2017 年 12 月 29 日被绍兴市人民政府纳入绍兴市区第一批历史建筑名录。

（13）作揖坊 36 号民居（未定级文物）

作揖坊 36 号民居位于绍兴市越城区塔山街道青藤社区作揖坊 36 号，根据现存的梁架分析应是清晚期建筑。占地面积 487 平方米。建筑坐西朝东，共四进，各进间设天井、厢房，屋面均为硬山式，阴阳合瓦，石板地面。第一进四开间，明间三柱五檩立中柱，具余各间梁架同明间；第二进三开间，座楼，明间三柱六檩中五架抬梁，带前廊卷棚，

图 3-38　作揖坊 36 号民居
（图片来源：绍兴市国土空间规划研究院《越城区第一批历史建筑图则》，2018 年）

后廊单步，次间四柱六檩立中柱，其他梁架同明间；第三进三开间，座楼，明间五柱七檩立中柱，带前廊单步，后廊双步，次间梁架同明间；第四进五开间，座楼，明间五柱七檩立中柱，带前廊单步，次间、梢间梁架同明间。

作揖坊 36 号民居布局严谨，规模大，建造较为精细，是一处传统的台门建筑。

（14）仓桥直街 332 号高氏民居（历史建筑）

高氏民居位于绍兴市越城区塔山街道青藤社区仓桥直街 332 号，2017 年 12 月 29 日被绍兴市人民政府列入绍兴市区第一批历史建筑名录。建筑坐西朝东，共两进，四合院式，占地 189 平方米。高氏民居建于民国时期，2017 年原地重建，新建筑延续了原平面布局和东侧的临

图 3-39　仓桥直街 332 号高氏民居

（图片来源：绍兴市国土空间规划研究院《越城区第一批历史建筑图则》，2018 年）

街立面、南北侧的山墙面。现状为砖混结构，木柱仅作为装饰效果。第一进三开间，中间保留原大门，搭建阁楼并设置玻璃顶；第二进三开间，设前廊，临河二楼设挑廊，外立面相比原立面有一定调整。河坎老石板脱落，与周边临水界面不协调。

（15）越城区人民政府大院（历史建筑）

位于绍兴市越城区塔山街道塔山社区延安路 18 号，共 6 组民国时期主体建筑，占地 4 150 平方米。建筑为二层、三层，砖木结构，平面呈现一字形或 L 形；屋面均为硬山顶，阴阳合瓦；台基采用不规则块石浆砌，外立面采用青砖清水砌筑，内部大部分仍保留着木地板与木楼梯。建筑保存较好，掩映于绿化之中，环境幽静，但外立面较为密集的空调外机破坏了整体的立面效果。

表 3-3　塔山片区地面历史建（构）筑物一览表（统计截至 2024 年 5 月）

所属历史文化街区 / 历史地段	类　型	保护等级、数量	名录 / 地址
鲁迅故里历史文化街区	不可移动文物	全国重点文物保护单位 1 处	鲁迅故居（含鲁迅故居、百草园、周家老台门、三味书屋）
		市级文物保护单位 1 处	邹家花园
		文保点 5 处	陈家台门
			长庆寺
			寿家台门
			大庆桥
			星朗桥
		未定级登记不可移动文物 6 处	* 余氏民居
			* 杨氏民居
			* 王氏民居
			* 沈氏民居
			* 西咸欢河沿 62 号
			* 宋氏民居
	历史建筑	历史建筑 6 处	余氏民居
			杨氏民居
			王氏民居
			沈氏民居
			西咸欢河沿 62 号
			宋氏民居

续　表

所属历史文化街区 / 历史地段	类　型	保护等级、数量	名录 / 地址
前观巷历史文化街区	不可移动文物	全国重点文物保护单位 1 处	青藤书屋
		市级文物保护单位 1 处	凌家台门太平天国壁画
		文保点 2 处	陈家台门
			张家台门
		未定级登记不可移动文物 4 处	* 高氏民居
			* 陈氏民居
			* 姚氏民居
			凌氏民居
	历史建筑	历史建筑 4 处	高氏民居
			陈氏民居
			姚氏民居
			绍兴联合图书馆旧址
作揖坊历史地段	不可移动文物	文保点 1 处	凰仪桥
		未定级登记不可移动文物 2 处	作揖坊 36 号
			* 曹氏民居
	历史建筑	历史建筑 2 处	高氏民居
			曹氏民居
非历史文化街区 / 历史地段	不可移动文物	全国重点文物保护单位 1 处	秋瑾故居
		省级文物保护单位 2 处	沈园
			陈建功旧居

续　表

所属历史文化街区 / 历史地段	类　型	保护等级、数量	名录 / 地址
非历史文化街区 / 历史地段	不可移动文物	市级文物保护单位 8 处	李家台门太平天国壁画
			谢家台门
			府儒学
			建安桥
			福康医院旧址
			章学诚故居
			应天塔
			承天英华中学旧址
		文保点 7 处	金斗桥
			状元台门遗址
			抗日突围纪念碑
			和畅坊遗址
			贺家台门
			冯亦摩故居
			朱赓故居遗址
	历史建筑	历史建筑 1 处	越城区人民政府大院
备注：打 * 的同时为历史建筑			

第四章

塔山片区地下历史建（构）筑物资源

一、绍兴人防工程的建设历程

1. 人民防空工作的开展背景

（1）1949 年前的绍兴防空基础

民国二十八年（1939）抗日战争期间，绍兴专署于各县设省防空协会支会及防护团，负责防空演习、施发警报以及空袭后的救护工作，并下设防空监视哨。一旦发现敌机入侵，立即施发空袭预报和紧急警报，并用电话通知毗邻各县。绍兴古城内“三山”之一的府山上设防空监视哨，府山越王台下筑有水泥结构的防空洞，作为专署、县政府首脑的庇护所，此为绍兴防空工作之始。1945 年抗日战争胜利后，防护团被撤销。

（2）1949 年后绍兴人民防空工作的开展

1969 年，中苏关系紧张，中央开始恢复一度中断的人民防空工作。遵循毛主席向全国发出的“提高警惕，保卫祖国”“备战备荒为人民”和“要准备打仗”的指示要求，1969 年 10 月 15 日，浙江省革命委员会发布《关于加强战备工作的指示》，提出要求：根据当地地形、地质条件，组织人民群众挖防空掩体、防空洞、防空交通壕。中等城市要遵循毛主席“还是房子底下挖洞”的指示，有领导、有组织、有计划、有步骤地进行挖洞，先搞试点，取得经验，再全面推广。各家挖各家，或几家合挖，相互沟通。

根据文件指示要求，同年 10 月，绍兴地区成立革命委员会人民防空领导小组，下设防空办公室（常设机构），受地方政府和军事部门双重领导。为备战备荒，绍兴县人防委员会召开人防工作会议，部署开展人民防空工作，明确了绍兴府山、塔山、蕺山三座山为修建防空洞天然的最佳场所。谢五九和陈延章两人被任命为绍兴“三山”防空洞工程的测量、设计总负责人。

与此同时，“三山”防空洞人防工程建设组织也建立起来，下设工程组、后勤保障组、政工组三个组，各组再下设连队，各连队的工作人员由市区范围内的各大中厂矿、企事业单位按照5%的比例抽调组成，每人每天补贴0.2元。其中，蕺山防空洞由绍钢、绍化、绍兴瓷厂等西北片的厂区负责，府山防空洞由县防办、漓渚铁矿、丝织厂负责，塔山防空洞由绍兴茶厂、电镀厂、长征塑料厂等单位负责，同时还吸纳了15名舟山退伍军人分配到三座山，负责技术指导。轰轰烈烈的绍兴人防工程建设就此正式拉开了帷幕。

2. 人防工程的建设与系统布局历程

自20世纪60年代末至70年代末期主体工程竣工，绍兴以坑道骨干工程为依托，在地下的土层中构筑连通的地道工程，于沿线主要机关、工厂企业及居民集结点建造深井出入口和一定数量的配套工程，构建成一张能打、能防、能机动的人防工程网。

绍兴人防工程建设受不同时期国家对人防建设提出的指令要求影响，其历史建设过程主要可分为四个时期：发动群众的建设初期（1969—1971）、“三山”浅挖工程规划时期（1972—1973）、结合城市建设的全面规划时期（1974—1979）和平战结合维护管理时期（1980—21世纪初）。

（1）发动群众的建设初期（1969—1971）

1969年10月，绍兴地区革命委员会人民防空领导小组成立，此后绍兴各县先后成立了人民防空领导小组，由县革委会、人武部主要负责同志挂帅下设办事机构，并建立了昼夜战备值班制度。各县依据地形地质条件，广泛发动群众挖防空掩体、防空洞、防空交通壕。绍兴县几个主要集镇仅2个月便动员支农8 000余人，城关镇街道企业已在部署迁往农村。新昌、绍兴县将居住在交通要道的九类人员部分迁往农村。10月至12月期间，绍兴地区广泛发动群众，普遍开展家庭式简易人防工程的修建，初步实现“人人有防空掩体、家家有防空洞”。

1969年12月，绍兴古城内塔山人防工程正式动工，首先对塔山公园东侧解放路口部进行爆破作业，入口爆破成功后花费两三个月艰难向深处挖掘才得以进入。1970年，塔山坑道正式开始施工，并于5月打好塔山指挥坑道毛洞。1971年7月25日至8月24日期间，第二次全国人民防空会议在北京召开，周恩来总理出席会议并作重要讲话。会议总结了城市开展群众挖洞的经验教训，提出了坚持自力更生，勤俭搞战备，全面落实“抓革命、促生产、促工作、促战备”的方针，加快人防战备工作。自7月绍兴被列为国家三类人民防空重点城市后，绍兴县对指挥所又作了进一步考虑，扩大工程面积进行被覆，增加出入口。

（2）“三山”浅挖工程规划时期（1972—1973）

1972年，在参观了杭州的人防工程建设后，绍兴制定了一个以改建河道为中心的浅挖工程规划。规划初步安排考虑充分利用天然地形，以三山坑道为骨干，以地下通道相连接，构成一个能打、能防、能疏散的地下防空体系。在地、县委的正确领导下，绍兴县认真贯彻执行了全国人防会议精神，狠抓路线教育，发动广大群众，大搞“三山”坑道施工。由54个单位抽调788人，组成10个连（1个连搞被覆，其他搞掘进），分11个口部同时掘进。除构筑永久性、半永久性防空工事（包括指挥坑道、坑道、地下室、防空洞）以外，同时还进行指挥通信、警报设施和后方基地建设，有关部门抓战备教育、人口疏散、专业队伍组训等相关工作。人防工作取得一定的成绩，初步改变了绍兴城关镇过去没有什么城市防空的局面。

1973年，绍兴县为贯彻执行毛主席“深挖洞”的指示，把改造河道连通三山的规划改为深挖“丁”字形连通三山。3月起，在地质部门的大力协助下，花半年时间，在规划的“丁”字形通道线路上进行了地质钻探，打了12个眼，基本上摸清了绍兴城关镇的地质情况。在掌握了地质情况的基础上，经过分析，确定深挖到第五层开口打横道。深挖实践证明，在这一土层打横道是比较理想和成功的。在基本摸清地质情况的基础上，边学边干。5 月起在绍兴剧院和白衙弄进行深挖直井试点工作并获成功。

（3）结合城市建设的全面规划时期（1974—1979）

自 1973 年下半年深挖试点取得一些经验，在此基础上，1974 年由点到面地逐步展开绍兴县的深挖工程。1974 年 2 月，全国人防领导小组遵照毛主席、党中央有关人民防空和城市防卫的指示精神，吸取各地人民防空工程和国防工程建设的经验，编写颁发《人民防空工程战术技术要求》，提出新建人民防空工程按照《要求》进行勘察、设计、施工和验收，已建工程质量不符合要求的，要逐步加以改造，确保工程质量。

1974 年，绍兴通过认真学习毛主席“深挖洞、广积粮、不称霸”的重要指示，回顾总结了之前工程规划的经验教训，并根据城关镇南有塔山、西有府山、北有蕺山，集镇在中心呈鼎立之势的地形特点和“五能”“三结合”的要求，制定了一个以三山坑道为骨干、深挖为重点的人防工程建设规划：以“三山”为依托，在地下深挖一条“丁”字形通道，贯穿全镇，连接“三山”坑道，同时沟通“三山”周围的单位工事。这样战时既能疏散隐蔽人员、储备物资，又能屯集机动兵力，以“三山”为依托，坚守城市、长期作战，取得战争的胜利。截至 1974 年 10 月底，“三山”已基本打通，并以“三山”为依托，沟通四周的单位工事。通过城中心的深挖“丁”字形通道，把“三山三片”连成网通出郊外。其中塔山除构筑县指挥所外，共开五个口部。

1975 至 1976 年是绍兴人防工程快速推进施工进度以及技术工艺进步的两年。1975 年，绍兴城关镇人防工程设想在已有规模的基础上，到 1980 年要解决战时坚守城镇人员的隐蔽工事，连通地道，并逐步搞好三防设施的配套工程，包括地下物资库、医院、战地俱乐部、学校以及生活、战斗设施专项工程。基本上实现三山成网、条条相接、上下沟通，形成一个打防结合、人防与城防结合的战斗堡垒。因此，1975 年除斜直深井的施工以及各处横道工程的连接，绍兴开启大跨度房间试点，打破了一般认为在泥层打巷道只能搞 2 米宽的认识，为进一步搞好深挖洞闯出了新路。与此同时，为节约三材使用和保证深挖工事的质量，绍兴成立三结合技术研究小组，从点到面对横道施工材料与工艺进行了改革。1976 年，根据绍兴深挖工程土质的实际情况，为加速“三山”连通，绍兴人防工程由“丁”字形连通改变为“人”字形连通“三山”，重点转移到由塔山连接府山、府山连接蕺山。至 1976 年底，塔山的一山一网通过深挖已基本成形，并完成了 1975 至 1980 年深挖规划任务的 60%，其中有十余口深井互相沟通。此外，在三防设施、经营管理和工艺结构等方面都有所改进和提高。

至 1978 年，伴随着国际形势放缓，第三次全国人民防空会议确立“全面规划、突出重点、平战结合、质量第一”作为新时期人民防空工作方针，全国各地相继停止人防深挖工程。1979 年，塔山人防工程竣工，在十余年内建设完成了大量地下通道，包含直转通道、弧形通道、三岔通道和连通斜道，形成了一张四通八达的人防网。

（4）平战结合维护管理时期（1980—21 世纪初）

1980 年，为认真贯彻第三次全国、全省人防会议精神，执行党中央制定的“十六字方针”，绍兴制定新时期人防工程建设的安排和设想，重点放在“三山”人防工程的平战结合和维护管理上。

一方面，根据财力、物力以及“缩短战线，突击重点”的要求，通过对已建工事的普查、鉴定、分类和建档，进行已建工事的维护管理和口部处理。自 1980 年塔山人防工程竣工后，为了更好地进行人防工程的平战结合利用，绍兴开启了长期的维护管理历程。20 世纪 80 年代，对人防工程进行返修深埋地道底拱、被覆、深埋地道隔墙填土、人防工程口部处理，以及附属设施、仓库、排水设施、消防设施的修建与安装。90 年代以后为解决深层地道轻度变形裂损问题进行多次加固，并投入大量资金，在治理早期人防工事的同时，根据城市经济建设发展需求，结合民用建筑修建防空地下室、对人防工程口部建筑进行改造。

另一方面，为更好实现平战结合，绍兴通过单位工事自建自用、人防部门独自经营、人防与其他部门合建合管以及公共工程由人防出租四种经营模式开展平战结合项目，将“三山”人防工程最大限度地利用起来，开展仓库、会议室、招待所、电影院、冷饮小吃店、试养非洲鱼、试种蘑菇等投资少、见效快的平战结合项目，以为四个现代化以及人民群众生活服务为宗旨，逐步实现“以洞养洞”，充分发挥经济效益。

随着思想的解放，20 世纪 80 年代以后，人防工程逐渐向公众开放。塔山坑道开始用于存储绍兴黄酒、涤纶丝、新鲜蔬菜以及香蕉等水果。90 年代，绍兴部分防空洞改建成“影视厅”“台球室”“歌舞厅”等娱乐场所。塔山坑道中央大房间先后征用作会议厅、录像厅、影剧院和溜冰场。2000 年以后，塔山坑道口部房改造完成，市人防办提出“让洞于民”，开放 5 000 余平方米的 5 个坑道口部供市民避暑纳凉，并配备电视机、放像机、饮水机、小方凳及灭火器等设施。2010 年前后，曾短暂地将塔山坑道中央大房间征用建设游泳池和跳水台，同时配备更衣室、淋浴间等。

3. 人防工程的建设技术创新

人防工程在不同规划建设时期，面对各类工事所在的不同地形地质条件，出现了不同类型的技术创新。

（1）爆破技术

面对不同口部地质环境，为最大程度减小口部爆破给周边居民及山体本身带来的震动影响，施工队探索“眼深药少”的爆破方法，用最少量的炸药争取最好的爆破效果。

（2）深井挖掘技术

面对深井挖掘过程中遇到的井体倾斜和地陷施工难题，施工队在实践中不断创新技术。在防倾斜技术上，深井施工为避免井体倾斜，自行设计水平仪。利用两根橡皮管四头插上玻璃管灌水，相对固定在井壁东、西、南、北四个方位，以判断井体是否倾斜。在防地陷技术上，根据流沙能流能冒特点，采用“以快治流”，加快井体浇灌，使井体自行快速下沉，将流沙圈在井体外面的同时，在井体外圈地陷处进行回填，以减轻地陷并实现流沙堵截。

（3）工程对接技术

面对坑道与深层地道2处人防工程20余米的高差，施工队创造性地设计了中间坡道两边人行的斜道，在实现2处人防工程顺利连接的基础上，同时解决物资运输难题。

（4）深挖横道跨度革新技术

通过精心设计、精心施工，泥层大跨度房间的成功试点打破泥层横道2米宽的认知限制。岩层大房间采用风钻凿孔置入炸药后爆破，炸出坑道雏形后逐步向外凿出整体空间的技术方法，打造结构坚固的大跨度房间并成功避免对大房间上方山体产生影响。

（5）施工工艺革新技术

面对20世纪70年代后期工厂停工导致的水泥短缺，成立三结合技术研究小组，不断革新施工工艺。在工艺材料上，研究小组经过多番实践讨论，在深挖地道工程中积极推广石砌石拱施工工艺。在工艺结构上，为进一步保证深挖工事的质量，在工艺结构上由点到面进行改革，为避免直砌侧墙因受力不均匀发生断裂，改为拱形侧墙，使整个巷道形成圆形。并对底拱部分加以改进，尝试整体倒拱，以分散应力，使上下左右受力均匀。

4. 人防工程的建设管理统筹

绍兴早期人防工程的建设，经历了发动群众的建设初期（1969—1971）、“三山”浅挖工程规划时期（1972—1973）、结合城市建设的全面规划时期（1974—1979）和平战结合维护管理时期（1980—21世纪初）四个时期，绍兴地、县、市人防办（现更名国动办）在整个历史发展过程中起到了重要的统筹作用。

（1）组织架构设置

1969年10月，按照“深挖洞、广积粮、不称霸”的号召，绍兴地区成立防空领导小组，下设防空办公室（常设机构），受地方政府和军事部门双重领导。在绍兴地区革委会、军分区、防空领导小组的领导下，制定了人防工程建设初期的方案计划。1970年将坑道作为重点建设工程，“各县负责施工单位坑道指挥部”。

1971年7月，绍兴被确定为全国重点人防城镇之一。1972年10月，地区防空领导小组改名为地区人防领导小组，人防办公室列入市革委会编制。各县建立相应机构，明确了由绍兴县委统一领导，由县防办组织施工的组织架构。其中地区防办是全区人防指挥机关，“先修地道、后盖房子，地道施工主要劳动均由防办负责”。

（2）物资保障管理

在物资保障上，绍兴地区防办要求“木材、钢材、水泥等主要物资，本着节约原则，由地、县物资部门保证供应”。至1972年10月，浙江省下拨45万元，绍兴地区拨出5万元，绍兴县拨出15万元，共65万元，用于施工材料费。在“把绍兴地区各县城关建设成为革命化的战斗城”的指导思想下，当年完成塔山指挥所坑道建设并被覆完工。

1974年起，绍兴地、县委把人防建设的经费和物资纳入地方计划，还安排了一部分“三材”和机械，以满足人防施工的需要。1976年，为加强对经费材料使用管理工作的领导，绍兴普遍建立起比较完善的财务管理制度和统一的账务核算办法。“为了使人防建设进一步走上正规，今年年初我们对每口井的资金、三材、劳力都搞了个初步定额。资金：石砌石拱每平方为140元，石砌砼拱每平方为130元；三材也按工艺结构作了定额。劳动生产力每人每年为十平方米。并把指标下到每口井。”

并于当年开始签订施工合同。如绍兴地区人防办公室作为甲方，在与绍兴县胜利人民公社基建什运综合社签订的《府山坑道合同》中，明确了区人防办作为主体，将府山坑道工程继续外包。

（3）分段工程承包

某单位人防工程是指在某单位连队承包、在所在单位附近（地下）开展人防工程建设的段落。建设完工后，自然沿用了这种按照地面归属命名人防工程的方式进行分段管理。某单位并不是产权所属，而是具体空间分段的标示。此外，在1983年绍兴设市重组人防机构后，发布的《防空委员会第一次会议纪要》中，也明确了“有关人防机构的人员、财产、场地、物资、经费等，任何单位和个人都不能挪用、占用”。人防工程作为国防建设的重要组成部分，是一直由专设人防机构负责建设、管理的公共工程。

绍兴古城内现存有名为塔山工程、茶厂人防工程、白衙弄人防工程、绍搬人防工程等单位的人防工程超30处，除黄酒博物馆外均是“公共工程”。人防工程集中修建于1969—1973年，少量修建于1994—1999年和2013—2015年，其口部数大多为2至4个，仅有府山工程、塔山工程和蕺山工程口部数超6个。工程类型可分为防空地下室、地道工程、单建掘开式工程、坑道工程4类。工程防化级别以丙级为主，仅个别工程防化级别为丁级。

绍兴古城内塔山片区人防工程坑地道分别由塔山县委、地质队和绍兴茶厂防办、粮机厂防办、绍搬防办以及白衙弄防办5个单位负责建设。

（4）人防工程的加固改造和维护管理

20世纪80年代人防工程的大规模建设结束以后，绍兴地、市人防办一直负责既有建成人防工程的设施配套、加固改造、维护管理等工作。

二、塔山片区人防工程的布局与空间结构

1. 人防工程的空间类型与分布

人民防空工程主要包括备战时期根据城市大小、城市所处战略地位及地形地质条件，因地制宜打造的、可容纳一定人员及物资掩蔽的疏散机动干道、连接通道、战斗工事、储备仓库等。根据不同地形、地质条件，可采用坑道式、地道式、防空地下室等不同结构形式。此外，为满足进出方便和掩蔽需求，会选择地质条件好、便于施工的地点打造工事出入口。根据工程与地表的关系，绍兴古城早期人防工程（塔山段）主要包括人防工程口部和人防工程坑地道两大类空间类型。

（1）人防工程口部

绍兴古城塔山片区人防工程现状共有 8 个口部。

人防工程口部建筑物中无文物保护单位、文保点、普查登录文物及历史建筑，均建成于 20 世纪 80 年代以后。大部分符合园林景观建筑设计的要求，但在建造技艺与外观风貌上不具备传统特征与典型性和代表性。

（2）人防工程坑地道

塔山片区现状人防工程坑地道除大部分可通行段（包括结构加固段和留存毛洞）以外，还存在包括填埋段在内的部分不可通行段。根据各区段的空间特性、使用功能以及宽度、高度等尺度特征等，可进一步分为大尺度功能空间、通道式空间和配套设施类空间。

1）大尺度功能空间

人防工程在备战和平战结合时期根据使用需求特征打造各种类型

的大尺度功能空间。整体空间尺度较为开阔，在不同历史时期的功能明确、利用率较高。现状格局完整，主体结构保存良好，可利用性较高。

塔山长斜道

战时医院

图 4-1　大尺度功能空间（左：塔山长斜道　右：战时医院）

（图片来源：自摄）

2）通道式空间

人防工程在备战时期为人员物资的隐蔽疏散打造各类通道，连接成网，包括坑道、深挖横道和竖井通道等，格局基本完整，主体结构保存良好。

通道式空间主要包含可通行段与不可通行段，其中不可通行段可利用性较差，可通行段根据现场情况进一步分为未加固段、加固段和填埋段。未加固段可利用性较高；加固段因后期多次加固、空间尺度较小，可利用性一般；填埋段可利用性较差。

3）配套设施类空间

根据不同时期人防要求打造的配套设施类空间因其功能定位不断更新，整体空间格局与结构经过多次调整，目前可利用性较弱。

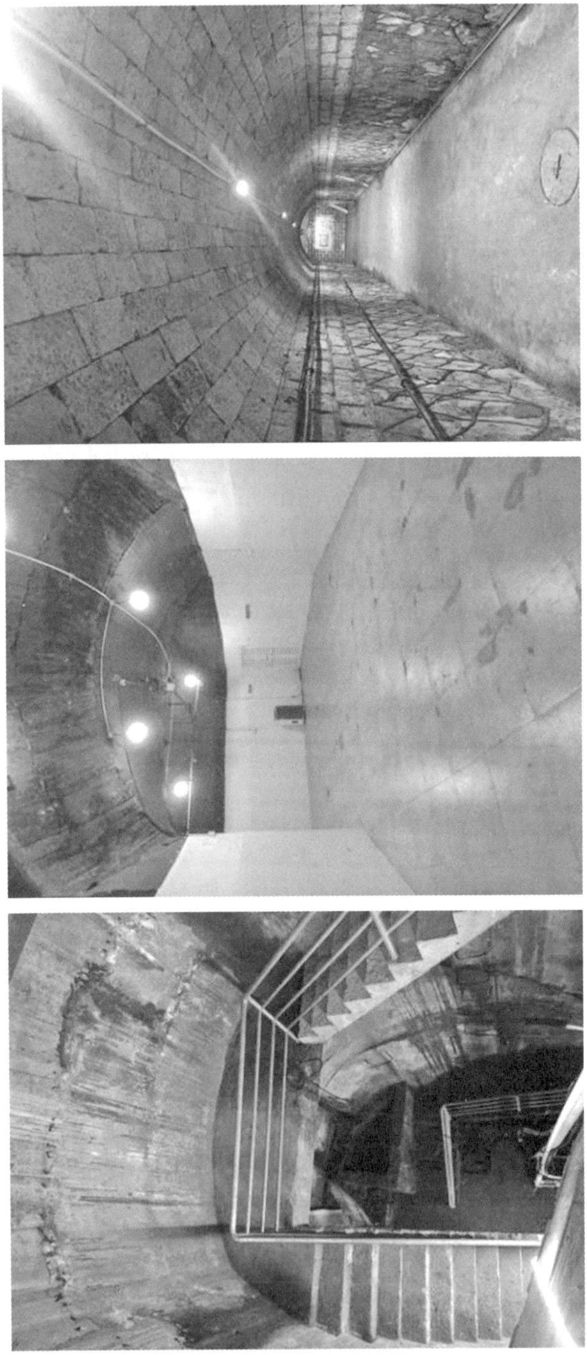

坑道　深挖横道　竖井通道

图 4-2　通道式空间（左：坑道　中：深挖横道　右：竖井通道）

（图片来源：自摄）

加固段

填埋段

图 4-3　不可通行段通道式空间（左：加固段　右：填埋段）

（图片来源：自摄）

图 4-4　配套设施类空间（原游泳池淋浴间）

（图片来源：自摄）

2. 人防工程的空间结构特征

（1）工艺结构

人防工程坑地道施工工艺包括五类：石砌墙石砌拱、石砌墙现浇钢筋混凝土拱、石砌墙预制钢筋混凝土拱、砖砌墙钢筋混凝土拱和现浇混凝土侧墙现浇钢筋混凝土拱。

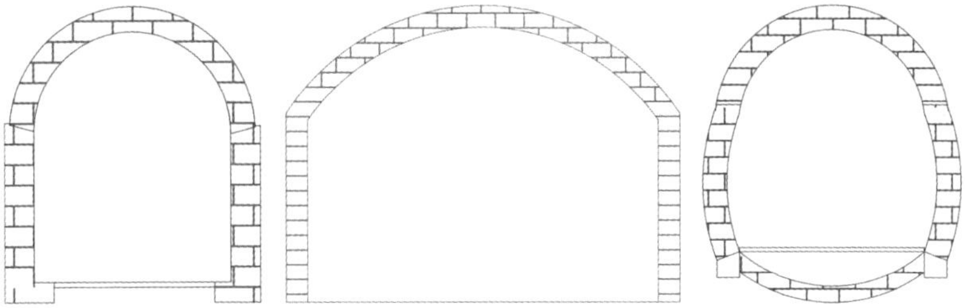

图 4-5　石砌墙石砌拱工艺剖面示意图

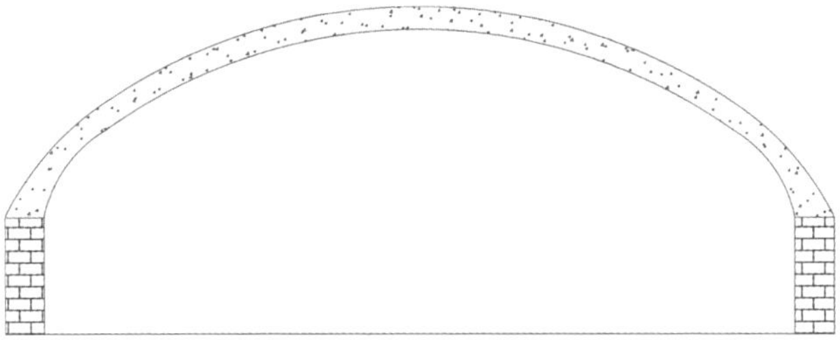

图 4-6　石砌墙现浇钢筋混凝土拱工艺剖面示意图

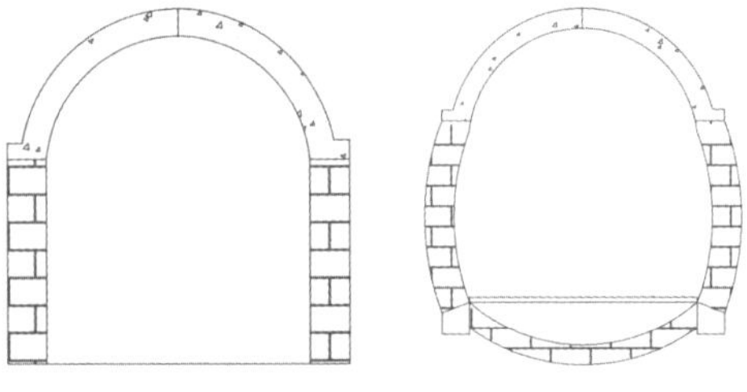

图 4-7　石砌墙预制钢筋混凝土拱工艺剖面示意图

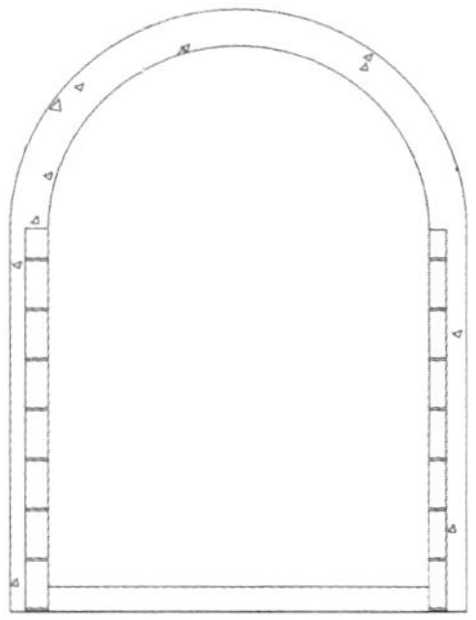

图 4-8　砖砌墙、预制钢筋混凝土拱工艺剖面示意图

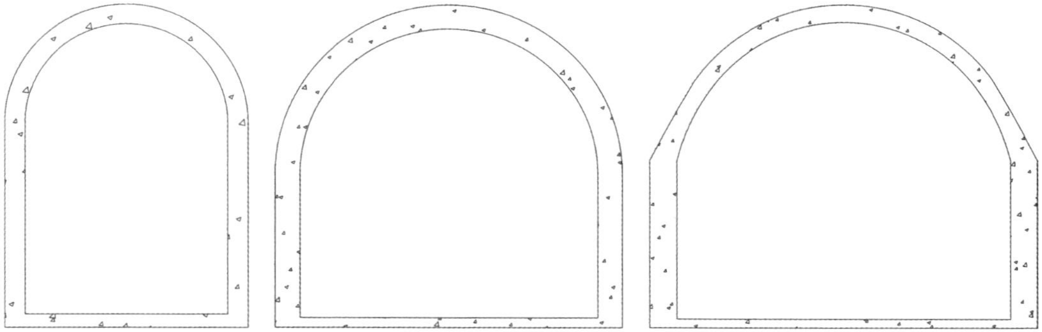

图 4-9　现浇混凝土侧墙现浇钢筋混凝土拱工艺剖面示意图

（图片 4-5 至 4-9 来源：绍兴市人民防空办公室、浙江久正工程检测有限公司《绍兴早期人防工程检测评估报告》，2022 年）

图 4-10　预制混凝土拱结构

（图片来源：自摄）

（2）艺术特征

塔山片区人防工程建设之初由不同企事业单位（茶厂防办、白衙弄、绍搬防办、粮机厂防办及塔山县委、地质队）抽调人员组成的连队同时施工，形成不同类型和风格的空间，具有鲜明的时代特征。特别是内饰的图案字体设计反映了当时的社会文化面貌，具有较高的艺术价值。具体有以下两类。

1）社会主义主题图样

人防工程的装修内饰设计具有 20 世纪 70 年代社会主义建设时期特色，结合墙面装饰与通道标识，用模具印压代表欣欣向荣社会风貌的和平鸽、向日葵、原子模型等精美图样。

图 4-11　和平鸽、向日葵、原子模型图样细节

（图片来源：自摄）

2）群众工作标语口号

深挖工程横道中留下了众多 20 世纪 70 年代提出的“提高警惕、保卫祖国”“深挖洞、广积粮、不称霸”“世上无难事、只要肯攀登”“沿着毛主席的革命路线奋勇前进”等群众工作时代标语，部分辅以红旗、红星等图案进行精心雕刻，样式精美、保存较为完好，体现了当年人防工程建设者们的决心和担当。

图 4-12　群众工作标语内饰设计雕刻细节

（图片来源：自摄）

（3）结构安全

2022年绍兴市人防办委托浙江久正工程检测有限公司出具《绍兴早期人防工程检测评估报告》，对人防工程的结构稳定性、安全性进行了全面评估。根据评估结果，人防工程主体结构安全性评估等级分为基本安全和局部危险，对于评估等级为局部危险的区段，后续利用前，宜对相应部位进行局部修复或加固处理。

三、地下历史建（构）筑物资源

1. 分级分类

根据人防工程坑地道的空间特征与承载的历史信息，绍兴古城塔山片区地下历史建（构）筑物，按历史文化资源价值高低可分为3级：人防工程坑地道1级资源、人防工程坑地道2级资源和人防工程坑地道3级资源。

（1）人防工程坑地道1级资源

具有人防工程典型特征的区段，建设较早、较好地保持了建设之初的原貌，包括具有重要象征意义的绍兴茶厂第一口直井竖井1号、兼具重要战备功能和装修特色的战时医院以及反映典型空间特征的塔山长斜道。

（2）人防工程坑地道2级资源

人防工程坑地道的典型区段或标志性节点，因在平战结合时期原貌经过改动或结构稳定性较差，需要进行结构加固或二次改造后方能利用。

（3）人防工程坑地道 3 级资源

承载人防工程坑地道历史文化信息的标志性区段或重要物质载体，由于现状保持状态较差或不符合原有的功能需求，因而较难进行完整的现状保留，可选取重要部分进行保留再利用。

2. 空间特色与分布情况

（1）人防工程坑地道 1 级资源

1）竖井 1 号（T42）

竖井 1 号建于 1973 年，是建成 50 年以上、反映绍兴人防工程建设初期的历史遗存。井壁内墙为砖砌，外壁为混凝土浇灌，整体采用沉降打井的工程技术方法进行施工，具有较高的历史、社会、科技价值和利用价值。

图 4-13　竖井 1 号内部现状照片

（图片来源：自摄）

2）战时医院（T43–1 ～ T43–9）

战时医院由绍兴茶厂负责建设，绍兴茶厂对于绍兴早期人防工程的建设非常支持，在设计阶段创新性地提出建设战时医院，并规划出相对复杂的通道回路，设置候诊室、收费处、诊察室、手术室、厕所等完善的配套空间。其装饰装修工程别具特色，墙面多采用石膏涂抹并利用木质模具压印出和平鸽、向日葵、原子模型等具有时代特色的标志性纹样，其中手术室墙面使用专程前往福建采购而得的青色瓷砖，进口处还有雕刻青松图案的石板，将通风管道与等候室磨石长椅巧妙结合，处处细节均体现出绍兴茶厂施工队的巧思与用心。整体具有较高的历史、文化、社会、艺术价值和利用价值。

图 4–14　战时医院现状照片

（图片来源：自摄）

3）塔山长斜道（T49 ～ T50）

塔山长斜道是为连接两处人防工程而打造的深层工事，两处人防工程深度相差 25 米左右，因而只能通过斜道的形式连接，斜道总长约 25 米，中部为施工拉车用坡道，左右两侧为阶梯式人行道。中部坡道沿路设钢轨，顶部设卷扬机，便于通过轨道将钢筋水泥等建设用物资运进地下，将渣土运出。斜道尽头设蓄水池用于储存地下水。整体具有较高的历史、社会、科技价值和利用价值。

（2）人防工程坑地道2级资源

1）塔山中央大房间（T51–2）

塔山中央大房间为整个塔山人防工程的标志性节点，其与周边坑道原打算作为绍兴县县级指挥所与指挥坑道，设计建造之初其跨度即达11米，采用风钻凿孔置入炸药后爆破炸出坑道雏形，后逐步向外凿出整体空间，此后未经历任何拓宽改造。该空间结构坚固，施工过程中未对地理正上方造成影响。在20世纪80年代以后平战结合时期逐步向公众开放的过程中，先后被征用为会议厅、录像厅、影剧院、溜冰场、游泳池及跳台空间，用作游泳池时期还曾设淋浴间等配套空间。整体具有较高的科技、社会、利用价值和一定的历史价值。

2）留存毛洞（T45～T48）

留存毛洞是因当时的国际形势与国内政策停止施工而留存下来的、由塔山坑道通过塔山长斜道向下进入的深层工事，保留结构基础较好、空间尺度开阔，部

图4–15　塔山长斜道现状照片

（图片来源：自摄）

图4–16　塔山中央大房间现状照片

（图片来源：自摄）

分交界段保留了当时的施工断面。该处毛洞石块较为坚硬、空间结构稳固，与装修段地道相接，断面处的被覆模式直观地展露于世人面前，展现了当时人防工程的施工方法与技术，极具特色，具有一定的历史、社会、科技价值和较高的利用价值。

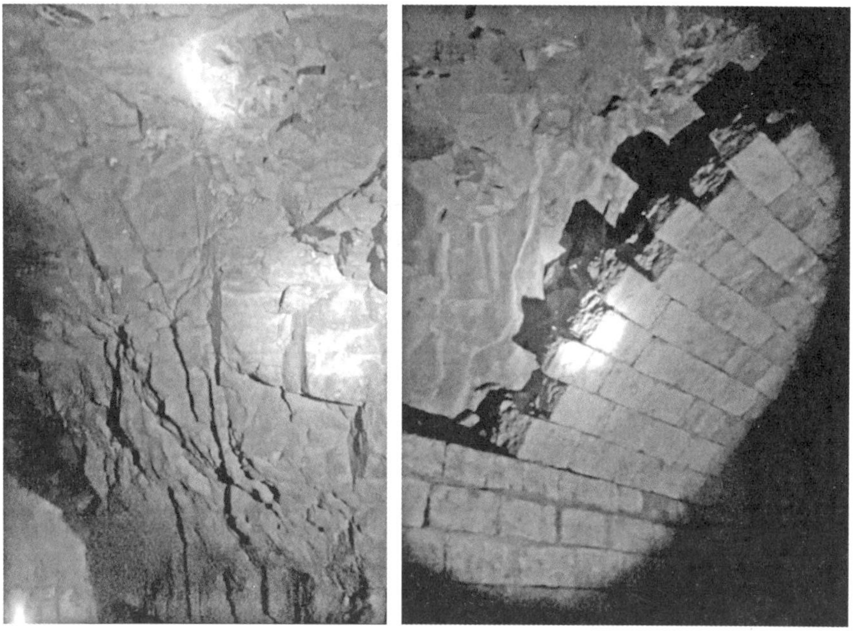

图 4-17　留存毛洞岩石及断面处现状照片

（图片来源：自摄）

（3）人防工程坑地道 3 级资源

1）竖井 2 号（T39-3）

竖井 2 号为绍兴茶厂建设的第二口直井，主体结构由中央井筒与两侧双螺旋结构楼梯组成，底层为蓄水池，中央井筒为通风排水的主要通道，顶部有设计精致的石膏穹顶，整体采用苏联模式的施工工艺，具有较高的科技、社会价值和一定的历史与艺术价值。但因空间尺度较为狭窄，无法满足现状疏散要求，利用价值较为一般。

图 4-18　竖井 2 号现状照片

（图片来源：自摄）

2）标语段（S16 ～ S17）

白衙弄北侧地道中留下了“提高警惕、保卫祖国”“深挖洞、广积粮、不称霸”“世上无难事、只要肯攀登”“沿着毛主席的革命路线奋勇前进”等众多时代标语，采用具有时代特色的纹样和雕刻方式，样式精美。部分字样存在剥落等情况，难以辨认，但整体保存相对完好，体现了当年人防工程建设者们的决心和担当，具有一定的历史价值和较高的文化、社会与艺术价值。

3）蘑菇种植装置

蘑菇种植装置为 20 世纪 80 年代利用人防工程坑地道进行蘑菇种植所设，目前保留原装混凝土预制构件。自制作完成至今已使用超过 50 年，现状材料较为酥脆，较难为后期直接利用。但是作为现存唯一平战结合的物质体现，承载较为重要的历史文化信息，可在后期场景再现时进行复原。

图 4-19　标语段现状照片

（图片来源：自摄）

图 4-20　蘑菇种植装置现状照片

（图片来源：自摄）

表 4-1　塔山片区地下历史建（构）筑物分级分类资源要素表

分级分类资源		合计数量
人防工程坑地道 1 级资源	竖井 1 号（T42）	3
	战时医院（T43-1 ～ T43-9）	
	塔山长斜道（T49 ～ T50）	
人防工程坑地道 2 级资源	塔山中央大房间（T51-2）	2
	留存毛洞（T45 ～ T48）	
人防工程坑地道 3 级资源	竖井 2 号（T39-3）	3
	标语段（S16 ～ S17）	
	蘑菇种植装置	

第五章

塔山片区空间场所承载的历史文化

一、传统民俗文化

1. 方言

塔山村民讲绍兴方言、安昌方言，属吴语区太湖片临绍小片。绍兴方言在吴语区具有一定的代表性，表现在以下方面：有整套全蚀声母；不分尖团；声调保留古四声，各分阴阳、升、降、徐、促，合乎音律；连读无轻音；文白异读，反映出方言语音之层次。因此，形成方言发音响亮、清晰，吐字质朴、沉实，连读和谐、协律，声、韵、调排列严整等特色。

2. 民间信仰及宗教场所

塔山村境域内，宗教文化丰富，民间信仰众多，佛教、道教、基督教皆有，但以佛教为主。历史上塔山村境内有十余座宗教寺院，但历经千年，多数已废弃或拆除。境域内现有寺院分述如下。

（1）福庆庵

始建于清同治年间，现存房屋15间，重修一新。庵内存有清光绪年间《重修福庆庵碑》一方。光绪三年（1877），由冯氏姐妹善庆、善修重建。庵内存有楹联二副，一为“同发菩提心，修成圆满觉”，二为“莲结般若子，长生智慧花”。1999年，绍兴市佛教协会立有《福庆庵重修碑记》一方。

（2）永福庵

始建于清同治年间。民国二十四年（1935）重修，房屋三间二进，前有天井，内设放生池。庵内立有《重修永福庵碑记》一方及楹联一副，曰“明珠照彻天堂路，金锡振开地狱门”。

（3）万福寺

原为青莲庵，清代咸丰年间建造，民国时期修建过几次，1998 年重修后改名为“万福寺”。该寺前后三进，内设大雄宝殿，庵前建有一处土地庙，一直以来是罗门畈村村民烧香拜佛之处。

3. 时令习俗（均为农历）

（1）正月

大年初一清晨，家家都请天地菩萨，保佑年成熟、人太平、万事如意。接着放开门爆竹，有“平地一声雷，元宝滚进来”之意。早上吃汤圆，寓意合家团圆。老老少少换上新衣服，开始挨家挨户拜年，有的游大街、逛闹市。大年初一这一天，不能扫地，意思是财气不能扫出，初二开始走亲访友做客。

（2）二月

二月初二开始到二月十九日，是春暖花开的香火时节，人们趁着空闲，去会稽山麓游南镇殿点香烛、求签经，善男信女上香炉峰南天竺拜观世音菩萨，求太平安居乐业，有求必应。在大禹陵瞻仰夏禹王。“二月十九毛笋削头”，家家户户晒笋煮干菜，做长缸饭备菜。晒酱饼，做红酱，酱饼与红酱是一年的佳味调料。

（3）三月

三月初三应清明，桃红柳绿百草青。在荒地野外挖野艾、马兰头、黄花果，做艾糕、艾饺。黄花果糕当点心，可以避疮毒、防瘟湿。三月涨桃花水，河江当中撒网捕鲤鱼，是民间吃鲜鱼季节。清明螺蛳格外肥壮，俗语“清明螺，抵只鹅”，江河中摸螺蛳，挑肉之后红酱搅搅，蒸熟之后过饭吃，美味无比。

（4）四月

绍兴的民谚云：“四月立夏开秧门，动手割麦种早稻，农忙季节开始到，田畈点心麦糊烧。”立夏是民间一个有趣的节气，民间习俗称人重量，小孩子们年年增重，惹得大人欢喜；老人年年称重，保持身体健康；中年适当重量，说明年轻力壮。“清明见节，立夏好吃”指的是田中种植罗汉豆，现摘现炒咕老酒，真是美味佳肴，剥肉做豆花糕和豆花糯米饭，鲜美无比。立夏吃樱桃，尝尝一年中第一道水果。四月二十日是眼光娘娘尊神生日，民间相当重视，善男信女们进庙烧香拜佛，保佑人们眼目清亮。

（5）五月

五月初五是端午节，家家户户包粽子，吃端午粽。这个季节有谚云：“吃了端午粽，还要冻三冻。”端午喝雄黄酒，吃五黄——黄鱼、黄瓜、黄鳝、黄梅、荷包蛋黄，吃这些可以避暑避发痧。每户人家门上插菖蒲、旗艾，挂桃木，可以去邪、驱百虫。在河江中划龙舟，沿河观看非常热闹有趣。五月十五是四海龙王生日，民间有游街串巷，抬着龙王菩萨举行庙会仪式，祈求风调雨顺。五月二十一日是五谷尊神生日，人们用隆重仪式祭请，祈求五谷丰登。

（6）六月

“大伏天气六月中，小暑大暑紧相逢，苍蝇蚊虫嗡嗡叫，想尽办法驱百虫。”这是民间顺口童谣，讲的是民间避暑解热的各种办法。头伏天，去庙宇“烧伏香”，二伏天去寺院烧经香，三伏天家家朝天烧平安香。六月十九日是观世音菩萨得道日，善男信女们烧香拜佛，非常虔诚隆重。有的出门去南海普陀山烧香，有的上香炉峰南天竺寺烧香，办素斋、供祭品、点香烛、烧佛宝，祈求年成平安、万事太平。

（7）七月

“七月七”民间称为“七夕”，在七夕节，妇女们采摘金漆柳树叶子，在水中挤出像肥皂泡沫的叶汁用来洗头，能使头发美丽乌亮，少生白发。七夕还是马仙娘娘生日，妇女们用红枣、花生、桂圆、莲子作供品，点燃香烛，虔诚祭拜，祈愿早生贵子、永无疾病。

（8）八月

八月初三日是灶君菩萨生日，每户人家都用馒头、寿面、水果、素菜和饭祭请灶君菩萨，保佑家道平安。八月十五日是中秋节，这是民间大节，要吃八月半酒，互相赠送月饼，新亲新眷要送八月半礼品。这天晚上要请月亮婆婆，用月饼、老南瓜、老冬瓜、水果作供品，点燃香烛，朝天祭拜（只许女性拜），之后吃月饼、赏月，庆祝合家团圆。八月十八是酒仙菩萨生日，开酒作坊的老板会相当隆重，敬请酒仙菩萨，保佑年年出好酒。八月十七、十八两天观看钱塘江大潮。

（9）九月

九月初九是重阳节，老年人登高望远，回忆多年来人生处世，回家之后喝重阳酒。重阳糕是用糯米制作的条头糕，上面撒有桂花、红绿须，嵌有栗子肉，重阳这一天人人都吃。九月十九日是观世音菩萨证果日，善男信女成群结队去南海普陀山和绍兴香炉峰烧香拜佛，祈求年年太平、岁岁平安。喝过重阳酒后，接着是霜降季节来临，有稻无稻霜降放稻，农民们开始收割晚稻，叠稻蓬、积肥料、下草籽、罱河泥，田畈生活忙忙碌碌，出嫁姑娘要回娘家给父母补一补，送上炖好的金银蹄（火腿脚爪和鲜脚爪）孝敬爹娘大人。

（10）十月

农历十月初八是天下放生日，在这一天，许多人都会上市场买来活的鲫鱼、乌龟、螺蛳、黄鳝、泥鳅等生物，放生到大江大河之中，让其回归自然，这种举动与保护野生动物相结合，一是积德，二是教育培养后代慈善之心。

（11）十一月

每年冬至节气基本在农历十一月里。在中国传统中，冬至是个大节。所谓“冬至大如年，皇帝在过年”。在冬至这一天有许多禁忌：忌吵架、忌讲不吉利话，忌打破盘碗，忌出嫁女儿在娘家过夜等。冬至前一天是冬夜，要早睡，所谓“要做嬉客夏至日，要睡大觉冬至夜”。冬至与冬夜这两天，夜里做梦据说很灵验，好梦预兆来年顺利大吉，噩梦预兆来年不利，要注意收敛当心。在冬至阶段，家家都要办冬至酒，俗称“做冬至”，一是祭祀祖宗大人，二是大家趁冬闲聚餐吃饭。冬至也是到坟头扫墓的日子，给祖坟除草添土。“冬至馄饨夏至面”是民间习俗，冬至这一天要吃馄饨。绍兴农民基本每家都做糯米新酒，在冬至这一天冬酿，以备过年享用。十一月初四是孔夫子生日，读书人家在这一天会祭孔敬孔，保佑读书上进、步步高升。

（12）十二月

农历十二月，家家户户搡年糕、裹粽子，准备过年。到了后半月，称日为夜，开始忙碌过年，二十夜掸尘，廿一夜开始办年货，廿二夜抹桌擦凳，廿三夜请灶师菩萨上天，廿四夜装扮牲畜（杀鸡鹅等牲畜），廿六夜到廿八夜，拣黄道吉日请祝福菩萨。请祝福菩萨（大菩萨）非常讲究，所谓横神直祖，所用八仙桌面子上纹路要横放，请祖宗要直放。一般人家请大菩萨用三牲——鸡、肉、白鲞，考究人家用五牲，即再加上鹅、羊肉。所谓“三茶六酒”是三碗茶、六盅酒，供品还有粽子、年糕、四盘水果，再加上一小碟盐和一碟豆腐干。请大菩萨要十分隆重，男主角值场，女性要回避，不好出声，请好之后吹灭香烛，马上关好门户，即所谓发财菩萨已经请进。之后用煮过鸡汁的汤放年糕或面，合家团聚吃酒，即所谓散福。大部分人家在廿九夜或三十大年夜请祖宗，请好之后全家团团圆圆分岁（吃年夜饭），大人给小孩子们压岁钿（红包），子女给父母大辈压岁钿，拿到的红包在晚上睡觉时要压在枕头下面。三十日夜，灶君菩萨从天上回来，又要请一次灶神，祝福新年发财。

4. 礼仪习俗

（1）婚嫁习俗

相亲：男女结合成亲，须有中间人、媒人。旧时，男婚女嫁一定要有牵线的介绍人，称之为“做媒”。牵线人叫“媒人”，男女双方各一个。由媒人先向男方介绍女方情况，男方认可，媒人再向女方说媒。女方父母有意向，媒人就索取男方“媒条”，也从女方处索取姑娘属相、出生年月。女方如果同意，会出具允诺媒条，媒人取女方允诺媒条，再去男方处。男方会请算命先生“合肖”，合肖有缘就算初步说定，约日举行定亲。

定亲：定亲前男方出具“求帖”“拜帖”到女家。女方出具“允帖”，并由女方择日定亲。定亲双方都要办定亲酒。男方发盘到女方，互换拜帖，亲事定局。定亲，男家要发“头盘”财礼，谓姑娘卖身钿。“头盘”是一副提盒担，内放红帖拜柬、银钱、绸缎、黄酒、糖果等。女方收下头盘，要回赠龙凤糕饼等礼物给男方。

结婚：男方准备结婚，再从女方处要来姑娘时辰八字，由男方再请算命先生推算结婚佳日。男家向女家发去二盘（谓二次财礼），用红绿纸书写“安床”“合卺”。有的人家还会发三盘（谓三次财礼）和太婆钿。

安床：安床日子择在结婚几天前的吉日良辰，把床的棕棚落榫，垫好被褥。这工作须请村中夫妻双全、儿孙兴旺的夫妇帮忙。从安床起的每个晚上，新郎官要请邻居十五六岁的小倌人陪睡到新娘上门的这天为止，称为“暖床”。安床时，不能有女人头发丝失落床上，更不能有针线头留床，也不能说不吉利话。否则，新婚夫妇一生不利。

忽浴：结婚前，新郎新娘都要有洗浴仪式。新郎要剃头揩身，剃头时要拔下 7 根头发带回家。新娘过门也会带来 7 根头发，男女双方把 7 根头发连结在一起，谓“结发夫妻”。姑娘忽浴仪式隆重，要在家里点香烛，敬奉天地祭祖宗，由送嫁老嫚为姑娘忽浴（光手脚，不洗身体）、开脸（用红丝线拔姑娘脸上的汗毛）。

迎亲：迎亲是关键的一天，过去男家用花轿娶亲，从花轿店租来花轿，请好吹鼓手（旧时叫“惰民”），备好行郎船、花轿船以及迎亲的行郎。轿船出发，一路吹打。每过桥洞必放炮仗，到女方河埠头也放炮仗。花轿前面是炭炉，炭火融融。接着由儿孙满堂、夫妻健在的一村长辈管子孙灯笼，灯笼上是红条纸写的男方姓氏堂名，如“慎德堂陈氏”，轿船头是一对小倌人敲对锣。

花轿船到女家河埠头，未起轿前，由女家请来一族中德高望重的长者，手持“五谷盘”（盘中是早谷、晚谷、糯谷、大麦、小麦）来到轿前，口中念念有词，把五谷向花轿撒去，名谓“起篷”。然后，行郎抬轿子上岸去女家，女家母亲见花轿进门，便会在轿前先哭上几声，谓“启口出声”，也叫“哭轿开声”，寓意今后新娘生的小孩一定会开声说话，伶俐聪明。

是日，男方行郎船，先把女方嫁妆接到男方家，叫作女方“发嫁妆”。嫁妆到男方，新郎官的弟弟（小叔）第一个先抢新娘（嫂嫂）的一只马桶，马桶里有女方准备的红包、糖果等。花轿船、行郎船的行郎，接好嫁妆、吃好喜酒接新娘。

新娘上轿与起轿，由女方配合掌握做亲、拜堂时辰，宁早勿迟。上轿前要鸣锣，有一女方妇人，手持小镜先撩开轿门进轿，东南西北用镜照一遍，称为“搜轿”。新娘由老嫚搀扶陪同，踏在铺麻袋的路上，进入花轿，搜轿人把轿门关好。这时再次响起起轿锣，炮仗声热热闹闹，吹鼓手勤打勤吹，行郎抬花轿缓缓离开女家。这时女方母亲坐堂哭起来，称为“哭轿”。

拜堂：新娘到男家后，由老嫚搀着侍立一边，新郎和新娘等待拜堂仪式。堂前，男家父母坐上面，礼生（司仪）高赞“行卺合礼”，开始奏乐鸣炮。此时乐声四起，爆竹连天，厅堂红烛高照，香烟缭绕，司仪大声高唱：“请新贵人登堂！”“请新玉人降彩！”这时，新郎由居故老嫚陪伴，新娘由送嫁老嫚伴扶，踏着麻袋地面步入厅堂。在“三星”（福星、禄星、寿星）像前肃立。在吹打和礼生唱赞中，新郎新娘一拜大地、二拜高堂（祖、父母）、三夫妻对拜。最后由长者手持木棒，轻击新郎新娘头顶，口念：“多福多寿多男子……”仪毕。司仪高唱：“请新贵人新玉人禧结同心，送入洞房。”再次鸣锣放炮，新郎新娘在鼓乐声中，手拉着红丝带，步入新房。

新郎新娘入洞房，有老嫚陪伴坐床前，称“坐床”。这时，房外亲人邻舍都涌入新房门口看热闹，看坐床。新郎新娘在老嫚陪伴下，迅速各自抢坐，座位互不相让。传说谁占座位大，将来持家权力大。这时看客中有笑话、趣话此起彼伏响起，许多引人逗笑的话语、动作给新郎新娘乐得捧腹大笑，谓之“吵房”。

迎亲第二天，新婚夫妻要上庙、上祠堂、回门。先上庙拜菩萨，再上祠堂拜列祖列宗，然后回门去女方家，中午吃好娘家回门喜酒回来。当天下午，老嫚陪新娘，还要走村坊拜望四邻八舍的长辈，称之“见面”，还要分糖、分水果，这次以后才算婚事完毕。

望满月：新婚满月，女方娘家要带馒头、藕等到男家去，叫“望满月”。这天，男方要办酒席招待。午后，新媳妇和婆家把女方送来的馒头、水果分送左邻右舍和送过贺礼的人家。

望端午：这天，女方娘家要把准备的端午礼品送去看望女儿。包括自编的麦秆草扇、布做的香袋等夏令用品，还有糯米粽、糕饼、糖果等。男方办酒招待，把女方娘家送来的扇、粽子、水果糕送给亲戚、左邻右舍。

（2）寿庆习俗

村域内民间寿庆，自古就有较多习俗，婴儿满月要进行剃头办酒，叫“满月酒”，也称“剃头酒”。满一岁，要办“得周酒”。

人生逢十要庆贺，民间俗语叫“十岁外婆做，二十岁丈母娘做。三十要做，四十要错。五十六十由囡做，七十八十大开贺”，搞得特别热闹。孩子成长到十岁，刚好是童子少年上学读书期，外婆要给外孙做十岁，送文房四宝，备新衣裤、新帽、新鞋、新袜给外孙，还要有馒头、印糕、糖包等，意为让外孙高中状元。这天，外婆为外孙办酒席、敬天地、祭祖宗、去庙里向菩萨许愿。有的在菩萨面前，还给外孙寄名。这就叫“十岁外婆做”。

旧时，人到二十岁就可以定亲结婚、成家立业。凡定亲结婚的二十岁男子，其丈母娘一定会给女婿操办酒席，敬天地、祭祖宗，做二十岁的生日。

男子到了三十岁，是而立之年，旧时称之为中年了。这时，男子开始有经济地位，有能力安排自己做三十岁的生日。于是，请来丈人、丈母娘、外公、外婆和自己父母、兄妹办酒席，敬天地、祭祖宗，让大家吃生日酒。

人到四十岁不做寿。旧时，民间称四十"要错"。因为"四"与"死"是谐音，认为不吉利，所以有意让其错过。

到了五十、六十岁，自己的儿女也都长大了，开始陆续成家立业。加上五十岁是知天命年龄，有的已有孙子、孙女，由子女给爹娘做寿理所当然。所以，过去五十岁生日是子女办寿酒，邀亲朋共热闹。来吃寿酒的，也都送寿礼、寿轴、寿幛，也有送礼金或金银首饰庆贺的。

旧时，人到六十岁已称之为老年人。那时民间流传俗语："七九六十三，要活要患难"，意谓"人活到63岁，是人生最关键一关"。连算命先生算命，也把63岁看作一道难关。若能给你从63岁过，再排算往后的，是你"延寿命大"。所以在那个年代，社会上对60岁以上的人，都称之为老年人，会特别敬重。尤其是女儿，只要父母过了63岁，女儿认为父母逃过了难关，就会在父母66岁生日时，感到是"六六顺风"，一定会给父母送去六十六块肉，以体现对父母的一片孝心。老人接到女儿送去的六十六块肉，马上摆上八仙桌，点香烛、敬天地，跪拜神明后慢慢食用，家人没一个会去沾边。

那时候，享受女儿送去六十六块肉的老年人，连四邻八舍也都会夸赞其"命大福大"。老年人吃了女儿送的六十六块肉，以此为荣，更是愉悦心情、益于身心。

二、非物质文化遗产

1. 徐文长故事

徐文长故事是汉民族重要的机智人物故事之一，产生于明代中晚期，至今传诵不绝。作为民间口头创作，徐文长故事以历史人物徐渭（字文长）的轶闻趣事为基础，又吸纳了大量的机智人物故事，在绍兴及其他江南地区广为流传，日积月累渐趋丰满，现存篇目约三百篇。

徐文长故事以明代中晚期历史为背景，从徐文长少年时代的传说故事《竿上取物》起，一直讲到他的临终传说《化千成万宝中宝》。该传说传播方式多样、内容丰富，全方位展现出徐文长聪明多才、幽默诙谐、爱国爱乡、亲近平民、蔑视权贵等品性，具有浓郁的绍兴特色和乡土气息。

2. 绍剧

绍剧又称“绍兴乱弹”，流行于绍兴北部及相邻省区。绍剧生、旦、净、丑脚色行当齐全，多披袍执笏搬演帝王将相征战杀伐故事。它在戏班组织和演出场面上都较道光、咸丰年间绍兴地区以一旦一丑搬演“戏弄”段子的“鹦哥班”为大，因此有绍兴大班之称。又由于各个行当的演员技艺均十分精湛，众人汇集戏班，一如群玉聚成，故绍兴大班常泛称“玉成”。

绍剧一直是绍兴赛社时主要的演出内容，乱弹班在庙宇草台、广场村野登台，锣鼓喧嚣中面对万千观众引吭高歌，以慷慨激昂的唱作表现惩奸除恶、报仇雪耻等题材，繁音激楚、声震四方，起到了刺贪刺虐、警世醒民的作用。

绍剧音乐朴实粗犷，演唱以高亢激越为特色，尤多动人心魄的抒情长腔。表演豪放洒脱、文武兼备，而武戏尤为擅长，工架稳妥、武技精湛、打斗激烈、场面壮观，令人击节叹赏。其中取材于《西游记》的《孙悟空三打白骨精》完美地塑造了集“人、神、猴”于一体的孙悟空形象，达到极高的艺术水准，使得绍剧艺术名扬四海，受到广大观众的青睐。20 世纪 60 年代，《孙悟空三打白骨精》演遍全国，更走出国门，参加中外文化交流。根据舞台剧摄制的同名彩色戏曲片在世界上 72 个国家和地区放映，赢得一致赞誉。

图 5-1　绍剧《三打白骨精》

（图片来源：剧照）

3. 石桥营造技艺

绍兴市境内水道纵横，有水乡、水城之誉。绍兴最早见于史籍的石桥为灵汜桥，始建于越王勾践时期。绍兴石桥数量众多，分布范围广泛，据 1993 年底统计，全市石桥共有 10 610 座。这些桥梁在绍兴人民的日常生活中发挥着重要的作用。

绍兴石桥营造技艺门类齐全，其中包括石梁桥、折边拱桥、半圆形拱桥、马蹄形拱桥、椭圆形拱桥、准悬链线拱桥等各类石桥的建造技术。施工建造石桥时有一套完整的技术方案，从地点选择、桥型设计、基础施工、桥体结构、加工安装到石材的运输等均有系统的工序和方法。一般的建筑程序包括选址、桥型设计、实地放样、打桩、砌桥基、砌桥墩、安置拱圈架、砌拱、压顶、装饰、保养、落成等环节。

绍兴石桥营造技艺极具个性，部分石桥（如八字桥、广宁桥等）的营造技艺为国内罕见。形式多样的石桥建造工艺构成完整而系统的技术体系，在各个时代均处于全国领先水平，以此技艺营造的石桥一般寿命长达千年以上。绍兴石桥不但营造技艺高超，还有深厚的文化底蕴，显示出极高的美学价值，它在环境布局、结构装饰等方面所展露的美感令人充分领略到江南水乡文化特有的神奇魅力。“垂虹玉带门前来，万古名桥出越州。”绍兴石桥文化早已成为越文化的重要组成部分。

4. 绍兴莲花落

绍兴莲花落是流行于绍兴一带的曲艺说书形式，它形成于清代道光、咸丰年间。形成之初，艺人们的行艺方式为沿门说唱，多演唱恭喜发财、吉祥如意之类的套辞，后逐渐形成有故事情节的段子，称为“节诗”。这类节诗包括《娘家节诗》《长婆节诗》《分家节诗》《大衫节诗》等，大多取材于民间日常生活或民间传说，一个节诗叙述一个情节较为简单的故事，具有滑稽、夸张、讽刺、幽默的特点。此后艺人又开始以绍兴方言说唱长篇书目，其说表语言通俗生动，唱词通顺流畅、幽默风趣、有说有唱、以唱为主。代表性的传统长篇节目有《闹稽山》《马家抢亲》《天送子》等，此后借鉴和吸收戏剧及其他说唱艺术的本子，又出现了《何文秀》《百花台》《顾鼎臣》《游龙传》《龙灯传》《珍珠塔》

图 5-2　绍兴莲花落表演现场

（图片来源：剧照）

《后游庵》等书目。

绍兴莲花落的唱腔曲调早期为“哩工尺”，由一人主唱，旁有一二人以“工尺”为辞帮和。20 世纪 20 年代后，开始以四胡伴奏，逐步形成传承至今的“基本调”。绍兴莲花落艺人多因个人爱好由他行转入，并无严格的师承关系。后来出现了专业演员，倪齐全、潘家富和翁仁康均是有代表性的当代传人。

5. 绍兴古桥名传说

绍兴以水乡享誉世界，因水而有桥，因桥必有景，故得桥乡美名。绍兴桥梁量多面广，在这众多桥梁中，桥名传说给绍兴的桥文化增添了许多丰富的内涵，给予一座座原本冰冷的石桥以生命。众多的桥名传说大体可分三个系列，即以人系桥系列、以地系桥系列和以桥系桥系列。绍兴古桥名传说与古桥结构装饰美、楹诗文美等，构成了绍兴特有的古桥文化。

6. 绍兴师爷故事

绍兴师爷故事由一系列以“绍兴师爷”为主要人物的轶事趣闻，以及文人据此加工创作的机智故事组成。经民间口耳相传，不断丰富，从不同角度塑造了“绍兴师爷”文韬武略、足智多谋的群体形象。为使其得到更为广泛的传承和发展，绍兴市于2022年在前观巷历史文化街区建立了绍兴师爷博物馆，成为“绍兴师爷故事”的传承基地。

7. 陆游与唐婉故事

南宋时期，绍兴叫作山阴，这里有一座沈园。传说当时沈园的粉墙上曾题有两阙《钗头凤》词，第一阙是南宋爱国诗人陆游所写，第二阙则是陆游前妻唐婉所和。这两阙词共同诉说着唐婉与陆游的沈园情梦。

图 5-3　陆游与唐婉故事

（图片来源：绍兴名人馆自摄）

陆游与唐婉的故事在民间文学界、文化艺术界都具有重要影响，其地域特色鲜明，流传地域广泛，传播方式多样，具有重要的人文价值、历史价值、教育价值和艺术价值。

三、塔山人防文化

绍兴古城早期人防工程是中华人民共和国成立初期响应毛主席“提高警惕，保卫祖国”“备战备荒为人民”和“要准备打仗”的指示，以“广泛发动群众”为特征的人防建设群众运动的典型体现。同时塔山段人防工程是绍兴结合城市建设，以三山坑道为骨干、深挖为重点、“三山三片”连通郊外的早期城市防空工程建设规划的重要实证，承载了重要的历史、军事价值和社会文化价值。

1. 历史价值

人防工程的建设受不同时期国家对人防建设提出的指令要求影响，其历史建设过程主要可分为发动群众的建设初期（1969—1971）、“三山”浅挖工程规划时期（1972—1973）、结合城市建设的全面规划时期（1974—1979）以及平战结合维护管理时期（1980—21世纪初），不同时期建设的重点与具体内容呈现出不同特征，反映了不同时期的真实面貌。

从发动群众的建设初期（1969—1971）由城关向乡镇全面铺开工事开挖、实现“人人有防空掩体、家家有防空洞”；到“三山”浅挖工程规划时期（1972—1973）正式开启体系化的“统筹规划”，初步改变绍兴城关镇过去没有什么城市防空的局面，再到结合城市建设的全面规划时期（1974—1979）以“结合城市建设”作为重要的规划考虑因素，以“三山”为依托沟通四周单位工事并深化人防工程系统布局；真实反映了绍兴早期人防工程建设过程中发动群众力量、结合城市建设、从浅挖到深挖不断取得技术突破的重要历史进程。20 世纪 80 年代以后，是“城市建设”和“经济建设”发展相结合的平战结合维护管理时期（1980—21 世纪初），对人防工程进行维护、修复和加固等综合治理与管理工作，在维护其人防战备功能的基础上，充分发挥其经济效益，并为后期的再利用奠定了较好的基础。

2. 军事价值

响应国家在不同时期国际形势背景下提出的不同口号，绍兴人防工程的军事防御体系建设结合绍兴地形地质特征，开展了三个层次的战略布局：三山三片连网的军事防御体系布局、结合群众快速反应的战备组织布局和保存战斗防御能力的平战结合布局。充分利用城市地形，按行业系统分工组织专业与群众队伍，由浅到深、不断提升技术，快速铺开、同时推进，构建通过地下通道相连接，能打能防、能疏散的地下防空体系。塔山段人防工程在具备战时快速反应能力的同时，也是适应 20 世纪 80 年代城市经济体制改革的新形势，统筹战备效益、社会效益和经济效益的“平战结合”人民防空作战方针的优秀见证。

（1）三山三片连网的军事防御体系布局

绍兴人防建设体系化的“统筹规划”，旨在充分利用天然地形，以“三山”坑道为骨干，通过地下通道相连接，打造能打能防、能疏散的地下防空体系。经过长期的整体深挖工程，最终布局完成以“三山”为依托，沟通四周的单位工事的“三山三片”军事防御体系：通过地下的深挖通道，由城中心“三山三片”连成网通出郊外，构成一个既能迅速疏散掩蔽人员、储备物资，又能屯集机动兵力的地下防御体系。

（2）**结合群众快速反应的战备组织布局**

人防工程建设初期，由于形势严峻、时间紧张，为快速全面铺开人防建设工作，发动事业单位和厂矿工人及家属利用业余时间挖掘大量防空掩体、防空洞和防空交通壕，实现“人人有防空掩体、家家有防空洞”，遵循毛主席提出的“路线是个纲，纲举目张”指示要求，绍兴县开启人防工程建设规划，通过抽调 54 个单位共 788 人组成 10 个连队，从 11 个口部同时掘进，快速推进防空洞、坑道等工事建设。随着国际形势变化，毛主席提出“利用城市打也是个办法”。绍兴县开始通过“结合城市建设”布局绍兴整体深挖工程，分商业系统、文教系统、手工业系统、卫生系统、粮食系统、财贸系统、城关镇省地工交系统、地县镇机关以及 4 个街办共 9 个系统同时开展人防建设工作，进一步深化防御系统组织，最终形成完整的绍兴地下防御体系。

（3）**保存战斗防御能力的平战结合布局**

20 世纪 80 年代以后，随着国际形势放缓，遵循第三次全国人民防空会议确立的“全面规划、突出重点、平战结合、质量第一”的新时期人民防空工作方针，为保证人防工程的结构安全、维持其良好的军事战备功能，绍兴开启人防工程平战结合维护管理，进行持续性的维护、修复和加固等工作：投入大量资金解决深层地道轻度变形裂损等问题，并通过返修深埋地道底拱、被覆深埋地道隔墙填土、人防工程口部处理以及附属设施、仓库、排水设施、消防设施的修建与安装等，实现早期人防工程的综合治理，并在维护深埋地道工程安全、保存人防工程战斗防御能力的基础上，确保地面建筑的安全。

3. 社会文化价值

人防工程建设在发动群众、依靠群众的社会精神及其巨大能量基础上不断推进完成，其工作内容重点在国际形势变化、实践摸索过程中不断调整，整个工程建设与维护过程以及工程内部的具体规划设计充分反映了不同时代上级领导对于人防工程建设提出的指令要求和倡议倡导，是时代文化背景的重要反映载体，具有重要的革命纪念意义。

建设初期，因物资匮乏，全靠手工操作，人防建设者在齐心协力埋头苦干的建设过程中展现出坚韧不拔的人防精神，是集体共同建设、保卫中华人民共和国的社会价值观的重要见证。备战时期，因局势严峻、工程进度安排紧张，人防建设在根据指示要求变化及时调整方向的过程中面临重重困难，广大群众充分发挥智慧才干，人防建设者为节省时间自愿加班加点，团结互助、连续昼夜奋战。不同岗位建设者积极承担各项职责、努力为国家节省财力物力，在过程中不断学习革新技术、创新性地打破条件限制。人防建设者们展现出具有重要革命教育意义的无私奉献、担当奋进与好学创新的人防精神，为社会安定、最大程度维护人民群众安全作出重要贡献。随着 20 世纪 80 年代国际形势放缓，全国人防工作重点转移，塔山段人防工程在平战结合利用中起到重要作用，对服务社会经济发展及满足人民群众生活生产需求产生重要影响。

4. 科技艺术价值

人防工程建设过程中，在关键的开口爆破、深挖试点、大跨结构试验等节点使用开创性技术，对整体人防工程的布局谋划及城市防护体系建设发展进程起到重要推进作用。在人防工程横道深入挖掘建设时，针对综合工事不同地形地质及材料供应情况作出的技术革新，为人防工程顺利推进及通道的连接成网起到关键作用，是人防工程建设技术日渐成熟的标志性研究成果。

此外，人防工程坑地道中采用的具有 20 世纪 70 年代社会主义建设时期特征的装饰样式、贯穿人防工程建设历程、起到重要指导定位作用的口号标语，以及与其结合的具有代表性的图案，为人防工程使用空间功能的打造起到进一步完善的作用，反映了 20 世纪 70 年代我国的艺术审美特色与绍兴人防建设者的精神面貌，具有重要的审美价值和革命意义。

四、历史名人典故

1. 历史名人

（1）勾践（?—前 464）

姒姓，本名鸠浅（音译为句践），会稽人，春秋时期越国君主（前 496—前 464），春秋五霸之一。“句践领功于灵汜”，即五云门的灵汜桥。今塔山建有越王勾践怪游台，故又名怪山。

（2）嬴政（前 259—前 210）

嬴姓，名政（一说“正”），秦庄襄王和赵姬之子。中国古代杰出的政治家、战略家、改革家，首次完成中国大一统的政治人物，也是中国第一个称皇帝的君主，故称“秦始皇”。秦始皇东巡大越时，改“大越”为“山阴”，山阴之称始于此。他曾在府城“都亭馆”休憩，现“鲁迅故里”留有“都亭桥”，桥以馆名。

（3）朱买臣（?—前 115）

字翁子，会稽郡吴县（今江苏苏州）人，西汉大臣。其人自幼家贫好学，靠卖柴生活。经过同乡严助推荐，拜中大夫，向汉武帝进献平定东越的计策，获得信任，出任会稽太守。因平定东越叛乱有功，授主爵都尉，位列九卿。数年后，朱买臣因事犯法，坐罪免职。不久，复任丞相长史。朱买臣在越郡塔山片区留有“覆盆桥”“张马弄”等地名。

（4）许询（生卒年不详）

字玄度，会稽山阴人，东晋征士，玄言诗的代表人物，会稽内史许旻次子。许旻以琅琊太守随晋元帝过江，迁会稽内史，因家于山阴县。许询与王羲之、孙绰、支遁等，皆以文义冠世。终身不仕，好游山水，常随王羲之、谢安一起游宴吟咏，曾参与兰亭集会。许询于晋成帝咸和六年（331）舍宅建寺，名祇园寺（大能仁寺前身），后废。

（5）徐浩（703—782）

字季海，越州会稽人，唐代大臣、著名书法家，宰相张九龄外甥，留有咏塔山诗作。

（6）方干（836—888）

字雄飞，门人私谥曰玄英先生，睦州青溪（今浙江淳安）人，晚唐著名诗人。咸通年间，赴京参加进士考试，成绩优异，但当时濒临崩溃的唐王朝却以“干虽有才，但科名不可与缺唇人，不使四夷闻之哀中原鲜人士矣”为由，将其拒之门外。方干科举不得志，于是遁迹镜湖（鉴湖），诗歌唱和，行吟醉卧，过起了闲云野鹤般的隐居生活，后人称赞他“身无一寸禄，名扬千万里”。留有《题宝林山禅院》《题宝林寺禅者壁·山名飞来峰》诗作。

（7）钱镠（852—932）

字具美（一作巨美），小字婆留，杭州临安人，吴越开国国君。钱镠在位期间，采取保境安民的政策，经济繁荣，渔盐桑蚕之利甲于江南；文士荟萃、人才济济，文艺也著称于世。他曾征用民工，修建钱塘江捍海石塘，由是“钱塘富庶盛于东南”。在太湖流域，普造堰闸，以时蓄洪，不畏旱涝，并建立水网圩区的维修制度，由是田塘众多、土地膏腴，有“近泽知田美”之语。他还鼓励扩大垦田，由是“境内无弃田”，岁熟丰稔。留有“钱王庙”“钱王祠前”地名。

（8）杜衍（978—1057）

字世昌，越州山阴人，北宋名臣，唐朝名相杜佑之后，大中祥符元年（1008）进士，历仕州郡，以善辨狱闻，以太子少师致仕，封祁国公。在越留有《宝林寺》《赠应天寺昭净法华》等诗作。

（9）张伯玉（1003—1070?）

北宋嘉祐八年（1063）四月，以度支郎中知越州，曾作《书应天塔》一诗。

（10）赵忭（1008—1084）

字阅道，号知非子，衢州人，诗人、书法家。宋景祐元年（1034）进士，任殿中侍御史，弹劾不避权势，时称“铁面御史”。在山东、成都、越州等地任过地方长官。留有《观宝林院塔偶成》等诗作。

（11）王昌符（生卒年不详）

生活在北宋仁宗朝，天圣八年（1030），以太常丞知龙溪县（参见明嘉靖《龙溪县志》卷五），曾写有《题应天寺》七言律诗。

（12）王安石（1021—1086）

字介甫，号半山，抚州临川（今江西抚州）人，北宋时期政治家、文学家、思想家、改革家，世称王文公。王安石卸任宁波府鄞县知县后，在回江西临川故里途经越州时，曾作《登飞来峰》诗。

（13）孟忠厚（?—1157）

字仁仲，洺州（今河北万年县）人，宋朝外戚大臣，元祐太后侄子，孟子四十七代孙。绍兴三年（1133），任镇潼军节度使、开府仪同三司、醴泉观使，迁枢密使，封为信安郡王。秦桧死后，授保宁军节度使，判平江府，诏充万寿观使，提举秘书省。绍兴二十七年（1157）卒，加赠太保，谥忠献。后裔建“孟庙”祭祀，今塔山片区孟家桥、孟家弄、十三亩头等地名皆与孟忠厚在绍兴的宅邸息息相关。

图 5-4　孟忠厚像

（图片来源：孟宪超编《江苏毗陵孟氏宗谱》，1928年）

（14）陆游（1125—1210）

字务观，号放翁，越州山阴人，尚书右丞陆佃之孙，南宋文学家、史学家、爱国诗人，陆游年轻时与其表妹唐婉缔结婚约，后因长辈干涉分离，在今塔山片区有“沈氏园”遗迹。

（15）余煌（1588—1646）

字武贞，号公逊，会稽冢斜人。明天启五年（1625）状元，曾为兵部尚书。在清兵直逼绍兴、大势已去之时，下令大开城门，放军民出城避难，而自己在渡东桥袖石投水殉国。

（16）王毓蓍（生卒年不详）

字元祉，绍兴卫人，甫婚而父邻卒，经年不就内寝，为郡诸生，师事刘宗周。顺治二年（1645）六月，清兵破杭州，时诸生无赖者群议犒师，毓蓍愤甚，榜其门曰：“不降者，会稽王毓蓍也。”众惧祸，阴去其榜，闻刘宗周举义，毓蓍喜；越数日事不就，乃为书告曰：“门生毓蓍已得死所：愿先生早自决，毋为王炎午所吊！”又作“愤时致命”篇，授其子复榜于孔庙。将赴泮池，池水浅，乃赴柳桥河死。时六月二十二日也（《明季南略》）。当时，山阴儒士潘集（字予翔）闻王毓蓍死，自署大明义士，操文哭尊于柳桥。刘宗周得知门生王毓蓍投水殉节的消息后，赞叹说：“吾讲学十五年，仅得此人。”据记载，清代乾隆年间，在柳桥下建有忠义祠，祭祀王毓蓍。

（17）章学诚（1738—1801）

原名文镳、文酕，字实斋，号少岩，会稽人，生于绍兴府城善法弄（后称禅法弄），乾隆四十三年（1778）中进士，晚年于塔山下建滃云山房著书立说。系清代杰出的史学家和思想家，中国古典史学的终结者、方志学奠基人，有“浙东史学殿军”之誉。现存章学诚故居。

（18）徐生翁（1875—1964）

浙江绍兴人，是我国近代公认的异军突起、风格独特的艺术家，曾任浙江省文史馆馆员，一生以鬻书画为生，生活清寒而狷介自适，数十年足不出绍兴，不求闻达，以布衣终天年。书法精楷、隶，由颜真卿入手，上溯晋魏汉秦，尤得力于北朝碑版，并主张用书外功夫充实书艺，所作古朴无华而有奇逸矫纵之气，时人号为“孩儿体”。能篆刻、绘画，风格一如其书，《美术丛刊》《中国书法》有专题介绍，另有《二十世纪书法经典》（徐生翁卷）展现其书法风貌。后人誉为“三百年来一支笔，青藤今日有传灯”。今塔山片区留存徐生翁旧居，前后两进建筑，规制完整、格局尚存，前屋明间悬挂有徐生翁遗像。

（19）**金汤侯**（1888—1967）

名城，字汤侯，以字行，绍兴皋埠镇人。幼受私塾教育，19 岁肄业于上海复旦公学，旋去江西饶州府学幕。后历任县、府、道公署幕僚。清宣统三年（1911），任烟台地方审判厅主簿。1913 年起，先后任浙江省天台、新昌县知事，山东省署机要秘书及黄县、即墨县知事，颇有政绩。1926 年，开始从事交通事业，建绍曹嵩公路，1929 年公路竣工通车。1926 年萧绍公路全线通车，1933 年，金汤侯向浙江省建设厅租营萧绍公路。1936 年，受聘任苏嘉湖公路经理，同年又租办新天临黄公路。10 年之间连续经营 5 条公路，成绩卓著，受到社会各方称誉。1932 年，与地方人士发起并主持重修禹庙，同时与朱仲华等创办稽山中学。1939 年，代表地方向银行贷款，赴赣购运粮食，缓解绍兴粮荒。1946 年，与邵力子、朱仲华等筹款在开元寺旧址创办医院，嗣由省卫生厅接办，定名为浙江省立绍兴医院。他还出资疏浚河道，支持慈溪救济工作，为地方建树甚多。1953 年 1 月，将萧绍、绍曹嵩、嵩新、新天临黄 4 条公路移交给国家，苏嘉湖公路由江苏省交通厅收回。将私人所有“金家花园”献给政府作人民公园（现儿童公园），将县前街一片房产捐赠给绍兴红十字会。曾任第二、三届省政协委员、省工商联执委、市人民代表、市政协委员、市民革委员、市工商联常委等职。

（20）**朱仲华**（1897—1988）

名承洵，字仲华，绍兴人。早年参加过五四爱国运动，曾以学联代表身份两次进谒孙中山，得到慰勉。孙中山手书“天下为公”条幅相赠。一生热爱祖国、热爱家乡，是绍兴市一位德高望重、备受赞誉的开明人士。1932 年，朱仲华与邵力子、金汤侯等 10 人，创办绍兴第一所完全中学——稽山中学。

2. 地名典故

（1）投醪河与投醪河路

越王勾践经过十年生聚，十年教训，决定伐吴雪耻。出师那天，越国父老以美酒为勾践饯行，祝越王旗开得胜。勾践为了激励士气便投酒入河，与将士们迎流共饮。将士们深感越王恩德，杀敌时个个勇气百倍，最终战胜了吴国。于是后人便将这条河命名为投醪河；河旁道路亦因河而名，称为投醪河路。

（2）罗门路与罗门弄

罗门路和罗门弄系两条东西走向的平行道路，均西起中兴南路，东至稽山路。在古代，城区东隅有一座水城门，名罗门，后人遂将罗门旁的两条路以门命名。罗门堙灭后，原从罗门进入城内河道口的一座桥梁仍以罗门为名，称为罗门桥，罗门西南方向的大片农田称为罗门畈。

（3）钱王祠前

钱镠为吴越国王期间，疏浚鉴湖、劝农植桑、奖励开垦，越州经济得到较快的恢复和发展。钱镠去世后，其子钱元瓘在越州建钱王祠，以奉祀钱镠。钱王祠建筑宏伟宽敞，至宋末渐圮，明初奉旨重建，春秋两季拜祭。现祠内建筑已荡然无存，仅留放生池和石基。在钱王祠南首有一条路，因当地人称南为“前”、称北为“后”，故将祠南首的这条路称为钱王祠前。

（4）十三亩头与孟家桥

宋代时孟子第四十七世孙孟忠厚曾在此建有宅第。清代时，孟氏后裔舍宅建孟庙，旁有庙田十三亩。至清末，孟庙已废圮。民国二十八年（1939），将十三亩庙田旁的路称为十三亩头。因孟庙前临河，庙前的一条临河道路被称为孟家桥河沿，河上所架之桥称为孟家桥。

（5）汲水弄和覆盆桥

朱买臣上任会稽太守后，“治楼船、备粮食、修战具”，整天为平定

图 5-5　钱王祠遗留水池

（图片来源：自摄）

东越王之乱而紧张忙碌。一天，朱买臣率领随从检查战前的准备工作，看到前妻崔氏及其丈夫与被征的其他民夫一起在筑桥铺路。只见崔氏面黄肌瘦、衣衫褴褛，朱买臣于心不忍，便命随从给崔氏及其丈夫送去钱物。崔氏收下钱物，心中万分羞愧，对自己当初执意毁婚之举追悔莫及。崔氏一见到朱买臣，便跪在他面前请罪，祈求他能念旧情恢复夫妻关系。朱买臣听完崔氏的一番话后，命人从河中汲来一盆水，泼在桥上对崔氏说："如果覆水可以再收，夫妻即可再合。"崔氏也知覆水难收，夫妻难合，便低头垂泪而去。后人就把朱买臣汲水处旁边的一条弄堂称为汲水弄，泼水于桥上的那座桥称为覆盆桥。

（6）府学弄

府学弄位于稽山中学北侧，因绍兴府学宫（现为稽山中学）而得名。

（7）柳桥下

系一条南北走向的道路，北起延安路，南至罗门畈。旧时该路位于柳桥南首，路因桥而名，故名柳桥下。

（8）**草籽田头**

位于寺池南首，即今人民中路东段南侧。清光绪十九年（1893）所绘制的《绍兴府城衢路图》及民国二十二年（1933）绍兴县政府建设科测绘的《绍兴城区图》均有记载。民国二十六年（1937）刊印的《绍兴县志资料》第一辑《道路》中也列有“草子田头”地名，当时属孝义里。该地原为田野，面积达数十亩，因每年冬播草籽，以为肥料，故名。后面积逐渐减少。据走访当地老人获悉，20 世纪 40 年代，仅有四五户农户散居其间。后在此建便民火柴厂。中华人民共和国成立后，在火柴厂旧址设福利院，即绍兴市社会福利院前身，20 世纪末，其门牌为草籽田头 12 号。2009 年，福利院迁移他处，其旧址已易为绍兴市民政局，门牌为人民中路 628 号。其东南大片土地已建成花园新村。草籽田头地名消失。

第六章

塔山片区历史文化资源特色与国土空间规划对策建议

一、塔山片区历史文化资源特色

1. 早期塔山聚落孕育发展的历史性见证

塔山（又称怪山、龟山、飞来山、东武山、宝林山）之名最早出现在《吴越春秋·句践归国外传》中，勾践曾在塔山上建怪游台用以观测天象，这是我国最早见诸文字的天文台。战国时期，越王勾践六世孙无疆与楚国交战失败被杀，其部属亲信离开琅琊郡南归越都故里，一部分东武人迁移居住在龟山旁。秦汉以后，人们将塔山一带的古村落称为“东武里”。作为片区早期聚落形成核心的塔山，历代文人对其来历和名称均有探讨，东汉《越绝书》、东晋《搜神记·论山徙》、唐朝徐浩《宝林寺》、北宋《太平寰宇记》与明末《越山五佚记·怪山》等著作均作出了不同的考释记载。至明末清初，因山巅矗立应天塔，人们开始称其为塔山，后塔山之名传承至今。

除了孕育片区早期聚落的塔山本身，片区内其他许多流传至今的地名也见证了早期聚落的发展历程，“都亭桥”“张马弄”“投醪河”“钱王祠前”“孟家弄”“十三亩头”等地名通过人们千余年来的口耳相传，串联起勾践出师伐吴、秦始皇东巡大越、朱买臣平定东越叛乱、钱镠受命讨伐董昌、孟氏后裔舍宅建孟庙等历史事件，保留了文人名士荟萃于此而留下的历史痕迹。

2. 绍兴城市营建与风貌塑造的重要记录载体

塔山片区内河流众多、纵横交叉、四通八达，有利于境内的农业生产，绍兴府河南段便流经塔山片区沿路的大王庙前、投醪河、鲍家桥与望花畈四大稻田灌溉地块，早期村民也大多沿河而居。五代十国时越州百姓为钱镠送行的前观巷，连同片区北部的作揖坊，在南宋时期见证了绍兴城市由里坊制向厢坊制的转型过程，市场、店铺、民居交织分布于此，形成了独具特色的街巷格局。通过保留下来的单孔半圆形石拱桥金斗桥与大庆桥、单孔马蹄形拱桥凰仪桥、单跨梁式平桥星郎桥等多处传统水乡石桥，可以窥见在依靠河流作为重要运输通道的水城里的居民生活与交通的组织方式。绍兴城内曾经一度“池台极盛”，但历代众多古典园林中，保存至今的宋式园林只有塔山片区内的沈园，园内楼台亭阁、回廊曲折之间诉说着唐婉与陆游的情与梦，连同赵园、邹家花园、金家花园等清朝私家花园，在方寸之地展现出雅致与错落，是历史上越城胜景的重要组成部分，也是绍兴园林艺术的重要传承。

除了街巷、桥梁、园林等历史建成环境要素，塔山片区内形态丰富的历史建（构）筑物真实地记录了绍兴城市营建与风貌塑造的发展历史。南街（今延安路）作为历史上绍兴城南的一条大道，因车马通行便利，且与其平行的南街河是城内船只通行的主要河道，许多大户人家居住于此，台门建筑鳞次栉比。陈家台门、寿家台门、张家台门、谢家台门、贺家台门等保存较好的传统台门建筑，以及陈氏民居、姚氏民居、高氏民居、曹氏民居等绍兴传统民居，在形制、结构、色调和尺度等方面淋漓尽致地展现了绍兴传统民居的营造技艺，与传统水道和街巷形态一起，构绘了绍兴古代城市的风貌特征。承天英华中学旧址、绍兴联合图书馆旧址、越城区人民政府大院等在城市中承担重要职能的历史建筑，明代大学士朱赓、清代史学家和思想家章学诚、近代著名数学家陈建功、书画家冯亦摩与徐生翁、革命家鲁迅与秋瑾等名人的宅邸，以可触摸的物质实体形式传递了在时代中起到重要推动作用的历史人物生活和活动的场所信息。

3. 中华人民共和国成立初期“三山三片”军事防御体系建设的标志性起点

自 1969 年中苏关系紧张，毛主席向全国发出“备战、备荒、为人民”的号召后，绍兴地区迅速响应，于当年10月成立了人民防空领导小组，明确将古城内府山、塔山、蕺山作为修建防空洞的最佳场所。其中塔山东侧的解放路口部最先进行爆破作业，标志着绍兴人防工程建设的正式启动。建设初期，塔山人防工程的动工建设面临物资匮乏、技术设备短缺的困境，绍兴自上而下群策群力，广泛发动大中厂矿与企事业单位的群众参与人防建设，并吸纳退伍军人作技术指导。从测绘、设计到爆破、掘进，来自各行各业的建设者们从零开始摸索，在实践中学习，克服艰难险阻，一步步将防空洞掘向深处。

随着国际形势变化，1971年7月，绍兴被列为国家三类人民防空重点城市和全国重点人防城镇之一。此后，绍兴县人防办在进一步扩大人防工程面积并进行被覆的同时，迅速在境域内广泛开展地质勘探、明确深层工事挖掘深度，于1973年在绍兴剧院的白衙弄区域成功进行了竖井试点。在深挖试点的经验基础上，为切实落实毛主席、党中央有关人民防空和城市防卫的指示精神，绍兴县的深挖工程结合城市建设，由点到面地逐步展开。至1979年，最终形成以“三山”坑道为骨干，通过地下通道相连接的“三山三片”军事防御体系，实现在战时既能迅速疏散掩蔽人员、储备物资，又能屯集机动兵力以备军工。

在绍兴古城早期人防工程十余年的艰苦建设过程中，塔山段人防工程作为绍兴古城内“三山”人防工程浅挖工程最先动工摸索、深挖工程最先定点试验的区段，在防空洞修建、坑道掘进以及后期深挖直井、横道工程与大跨度房间施工的材料创新及工艺结构的迭代改革上，起到了优秀的带头作用。其中负责建设战时医院的绍兴茶厂由于工程建设进度快、质量好，在1976年开展的全国人防大检查中受到南京军区、省领导的好评，获得全国人防先进单位表彰。作为绍兴人防建设的重要起点，塔山片区的地下长城里保存着解放初期群众齐心协力、保家卫国的红色基因与信仰，闪耀着“敢为善为、图强争先”的绍兴人防精神，承载着中华人民共和国成立初期绍兴地区的红色文化、革命文化与战斗文化。

4. 改革开放时期社会主义新农村建设的典型样板

中华人民共和国成立后，为发展经济、改善城市交通，绍兴城区的交通道路建设采取“填河筑路”的政策，南街河被填平，南街扩大路幅建成延安路，周边建设党校、图书馆、博物馆、银行等大型公共设施。相较于发展较早的延安路以北地块，塔山片区内延安路以南的土地直至20世纪80年代以前，大部分用于农业种植，是绍兴重要的农业生产基地，但城市开发建设程度较低，为绍兴古城内的“留白地”。改革开放以来，随着经济体制转变和城市建设需要，为建设社会主义新农村，塔山片区南部的稻田灌溉地块被征用，通过整体规划、统一建造，建成独栋或联排形式的新农居，其立面上以马赛克砖、绿色水砂石等装饰的纹样承载着改革开放时期的城镇建设记忆，是80年代社会主义建设蓬勃发展时期的重要见证。

至20世纪90年代，护城内河被填平建成环城东路，塔山片区开始发展工业，陆续建立砖瓦厂、印染纺织厂、机械厂等村办企业，探索城郊经济发展模式。作为非古城核心区的塔山片区南部，其在改革开放以来的交通与住房建设、产业结构转型等各方面展现出的变革，是绍兴在社会主义制度指导下，社会经济与新农村建设快速发展的典型样板。

二、国土空间规划对策建议

1. 建立评估前置机制

历史文化资源的前置调查评估是城乡建设过程中进行历史文化保

护传承的一项重要工作，是建立“空间全覆盖、要素全囊括”的历史文化保护传承体系的基础，也是实现城市规划的连续性和稳定性的重要保障。

目前在实际工作中，历史文化资源调查评估工作的启动一般在征收公告发布后，而引导片区发展的总体规划、城市设计、控制性详细规划早已获得上级政府批复或审查。对于调查评估过程中发现的重要历史文化资源而言，其保护措施往往涉及空间布局要素的调整，在此之后重新对片区相关规划进行调整不仅费时费力，同时严重影响建设进度。因此，为避免因历史文化资源前置调查评估介入的滞后，导致在后期进行重大调整并带来人力物力损耗和社会经济损失，应当在总体规划、城市设计、控制性详细规划编制阶段，同步开展历史文化资源调查评估工作。

2. 完善价值研究框架

由于对片区城市更新起着重要的指导作用，前置的历史文化资源现状调查和价值评估工作应当确保公正和客观，避免两种倾向：既要防止编制单位为减轻上级部门审查备案压力，受“唯年代论”的价值判断倾向影响而泛化保护对象，导致后期工作开展困难重重；也要防止出现受建设方案或工程进度影响，在建设方授意下有意低估资源价值，导致应该得到保护的对象遭到破坏。

为了尽可能全面保护反映片区发展历史特征、影响片区形成、塑造片区特色的历史文化资源，除了历史街区、历史地段与历史建（构）筑物等法定保护对象以外，还应将见证千百年历史发展与社会变迁、奠定历史文化底蕴的历史建成环境要素等历史文化资源纳入保护视野，向公众呈现更加完整的历史叙述。对于调查发现的历史文化资源的价值评估研究，则应以识别并保护好城市特色的传统文化基因为目标，在把控历史文化的地方性特色基础上，按照《历史文化资源调查评估论证指南（试行）》，从历史价值、科技价值、社会价值、文化价值、艺术价值及利用价值等多维度进行精准研判并综合用地现状、周边地区规划发展条件等因素提出分类分级的保护措施与利用策略。

3. 促进多部门协同联动

在当今城市建设主线由增量扩张进入存量提升的转型阶段，保护与发展、传承与创新是规划建设需要统筹协调的主要矛盾。完善的历史文化资源调查评估编制审查机制是处理好城市发展与散落的历史文化遗产保护之间的关系的前提和保障，既要避免不尊重历史文化的“千城一面”建设形式，又要防止不顾及空间资源与财政民生承受能力的“文化至上”泛化保护模式。因此历史文化保护上位规划编制应当加快推进，抓紧编制《绍兴市域历史文化保护传承体系规划》，通过摸清家底、划出底线，按照规划确定的保护结构、文化线路、遗产网络，明晰区域历史文化价值重点，为前置调查评估报告的编制提供根本依据。

在城市更新项目谋划阶段，作为城市更新重要依据的前置历史文化资源调查评估便应当列入任务清单与工作考核，将树立文化遗产保护的法律、规则意识以及强化“有限资源”和“优胜劣汰”理念纳入领导干部培训内容。在历史文化资源调查评估编制工作开展的不同阶段，主管部门需视项目特点组织涵盖历史文化、城乡规划、社会经济、建筑水利、农业农村等各专业部门专家，由跨学科的复合型专家领衔担纲专家组组长，对历史文化资源的价值内涵、保护利用形式、公共利益需要与可能存在的安全隐患等进行多方面评估论证，并广泛听取相关部门和公众意见。在编制报告的审查过程中，应由人民政府城乡建设主管部门会同同级文物主管部门，协同联动其他有关部门共同进行监督管理。对于一些历史环境发生重大变化，原址保护与城市建设过程中公众利益产生冲突的低级别历史文化资源，建议由市人民政府出台专门议事规则、决策机制研究讨论，明确工作流程和各方职责，寻求资源保护与项目推进之间的平衡。

4. 落实资金保障

为实现稳步推进城市更新、完善城市功能，妥善处理好延续旧有城市历史文脉与发展新的城市建设之间的关系，建议人民政府设立历史文化资源调查评估专项资金，用于在城市更新项目启动前期由相关部门牵头组织，依据相关文件要求开展历史文化资源调查评估工作。同时，可在每年城市建设维护费中安排经费，专项用于历史文化资源的普查和名录补充。

对于经过评估论证的历史文化资源，在其后续的保护利用上，应当探索“政府主导、社会参与、专家把关、市场化运作”的模式。建议人民政府完善保护管理资金保障制度，对于建设方案中涉及历史文化资源保护修缮和活化利用的部分，从保护资金中抽取部分给予一定补助，鼓励建设单位积极参与片区历史风貌维护。此外，可通过政策引导、资金扶助等方式，鼓励民间资本参与文化遗产旅游、文化活动、文化产品开发等投资活动，为历史文化资源量身定制既能维护原有风貌、深度展现传统生命力，又可持续造血、具备充分社会吸引力的活化利用方案，确保历史文化资源保护成果惠及更多人民群众。

5. 优化展示利用体系

为了保证土地集约利用并避免占用管理部门大量的社会经济资源，应当建立起行之有效的历史文化资源保护良性机制，在坚持安全底线、践行中央“准确把握保护传承体系基本内涵”精神的基础上，探索多元创新的展示利用路径。

秉承利用就是最好的保护理念，历史文化资源展示体系的持续优化应注重其真实性、整体性和传承性，以增强中华民族的文化认同为重要目标，延续其传统生命力，促进维护国家统一、民族团结以及社会和谐和可持续发展。针对不同类型资源，根据其历史功能、使用情况、价值高低等各方面特性，将物质形式历史文化资源与非物质形式历史文化资源有机结合，丰富展示利用的层次与形式。对于保护价值高、保存较完好的历史文化资源，应及时进行维护修复，在原址保护的基础上可根据文化旅游宣传等需要向公众开放展陈；对于无法维持原功能的部分历史文化资源，可通过保留结构特征或加建、改建、添加设施的方式以适应现代生产生活需要；对于承载重要历史信息但难以直接利用的历史文化资源，可树立“保留文化意象，也是一种保护传承”的创新理念，通过设计文化景观、提示历史信息等方式，在日常使用或展陈场景中持续性激活社会公众的历史记忆与情感记忆。

6. 推动公众参与和宣传教育

鼓励公众积极参与和推广宣传教育，增强民众在历史文化保护工作持续性开展过程中获得的体验感，有利于强化其对于地区文化的认同和延续历史文化的责任意识，是城市历史文脉可持续传承的关键环节。

为了更好地深入群众，可动员片区内各类单位、社会组织和社区居民等社会力量参与，利用各种媒体形式，积极组织多形式、多层次的宣传教育活动，提高公众的保护意识与参与意识。建议成立由居民、产权单位、专家、志愿者等多方组成的历史文化资源保护宣传协会。由政府在资金、场地、宣传等方面予以支持，以社会组织为平台汇集政策支持、社会资源和居民力量，通过主动收集社情民意，定期开展针对历史文化资源活化利用的参与式设计和针对历史文化环境保护的文化教育活动，为政府部门开展各项工作创造良好的环境。